LIPARISCHE, EGADISCHE, PELAGISCHE INSELN

Katrin Gebauer

Umschlagfoto: Haus auf Pantelleria

Fotos auf S. 137, 173, 179 von Manfred Abel,
alle übrigen Fotos von Katrin und Paul Gebauer.

CIP-Kurztitelaufnahme der Deutschen Bibliothek

Gebauer, Katrin:
Siziliens Inselwelt: Liparische, Egadische, Pelagische
Inseln: e. Landschafts- u. Erlebnisführer für
Individualreisende / von Katrin Gebauer. -
2. erw. Aufl. - Badenweiler: Oase Verlag Abel,
Müller, Stauch, 1984

ISBN 3-88922-003-7

© 2. erw. Aufl. 1984
Oase Verlag
Ernst Scheffelt Str. 22
7847 Badenweiler 3
(07632/7460)

Druck: Hain Druck, Meisenheim
Karten und Pfeile: Franz Letsch
Zeichnung S. 16 stammt von Peter Gaymann

Erhältlich im guten Buchhandel und direkt beim Verlag
(Verrechnungsscheck über DM 26.- an obige Adresse).

Wir freuen uns über alle Tips, Kritiken und Anregungen!
Für jeden verwertbaren Hinweis schicken wir ein Exemplar der Neuauflage!

Oase Verlag
Ernst Scheffelt Str. 22
7847 Badenweiler 3
(07632/7460)

Inhalt

Anreise nach Sizilien 11

Anreise im Auto 11
Anreise im Bus 12
Anreise im Flugzeug 13
Anreise mit dem Schiff 14
Anreise im Zug 15

Sizilien 17

Marsala 18
Mazara del Vallo 18
Erice, Monte Erice 19
Palermo 20
Porto Empedocle 24
Trapani 24

Allgemeine Tips 27

Auskunftsstellen für Touristen 27
Badeschuhe 28
Benzin 28
Devisen 29
Ermäßigungen 29
Einreisebestimmungen 29
Feiertage 30
FKK & Topless 30
Foto & Filme 31
Gastfreundschaft, Hilfsbereitschaft 31
Hotels 31
Island Hopping 33
Jugendherbergen 33
Konsulate 34
Notruf 34
Öffnungszeiten 34
Ratschläge 35
Restaurants etc. 36
Schiffe 37
Sprache 38
Telefon 38
Traumstrände 38
Unterwassersport 40

EGADISCHE INSELN 41

Anreise mit dem Schiff 41
Auskunftsstellen für Touristen 43
Saison, Tourismus 43
Klima - Badezeit - Reisezeit 44
Preise 44
Leitungswasser 45
Kommentare 45

Favignana 46
Favignana - die Stadt 46
Favignana - die Insel 46
Inselalltag, Inseltypen 46
Radfahren, Wandern 47
Insel-Fahrradtouren 48
Thunfischfang 56
Fahrradverleih 57
Grottenfahrten 57
Hotels 57
Restaurants, Trattorien 58
Tauchen, Schnorcheln 58
Campingplätze 60

Levanzo 61
Inseltouren 62
Camping 66
Hotels, Unterkünfte 66
Leitungswasser 66
Restaurants, Trattorien 66

Marettimo 67
Inselerkundung
Camping 70
Grottenfahrten 70
Unterkünfte 70
Restaurants, Trattorien 70

* * * * *

PELAGISCHE INSELN 71

Anreise im Flugzeug 71
Anreise im Schiff 72
Auskunftsstellen für Touristen 72

Lampedusa 73
Lampedusa-Stadt 73
Saison, Tourismus 74
Klima-Reisezeit-Badezeit 75
Inselalltag, Inseltypen 76
Fest der Madonna 79
Inselrundfahrten 79
Leitungswasser 84
Campingplätze 84
Hotels 85
Leihwagen 86
Restaurants, Trattorien 86
Tauchen, Schnorcheln 88
Impressionen 89

Linosa 91
Inselerkundung 92
Campingplätze 96
Hotels, Unterkünfte 96
Restaurants 97
Tauchen und Schnorcheln 97

Felseninseln 100

PANTELLERIA 101

Pantelleria - die Insel 102
Pantelleria - die Stadt 104
Anreise im Flugzeug 106
Anreise mit Schiff 107
Auskünfte für Touristen 107
Busverbindungen über die Insel 108
Häuser 108
Saison, Tourismus 109
Inselalltag, Inseltypen 110
Klima - Reisezeit - Badezeit 111
Leitungswasser 111
Kommentare 112
Inselrundfahrt 113
Campingplätze 123
Hotels 123
Leihwagen 126
Restaurants, Trattorien 126
Tauchen und Schnorcheln 127

****

AEOLISCHE oder LIPARISCHE INSELN 129

Anreise mit dem Schiff 129
Auskunftsstellen für Touristen 131

Die Aeolen genießen ... 132
- Baden 133
- Wandern 133
- Tauchen, Schnorcheln 134
Leitungswasser 134
Vegetation 135
Vulkane 135

Lipari 138
Landschaft 140
Erkundungstips 141
Campingplätze 146
Jugendherberge 146
Hotels 148
Restaurants,
  Trattorien 149

Vulcano 150
Porto di Levante 150
Gran Cratere 152
Heiße Quellen & Schwitzgrotten 153
Baden an der Baia di Ponente 153
Camping 154
Hotels 155
Restaurants, Bars 156

7

Salina 157
Wandern im Val di Chiesa 158
Baden 159
Busse 159
Camping 160
Hotels 160
Restaurants 160
Touristeninfo 160

Filicudi 161

Alicudi 164

Panarea 166

Stromboli 170
Stromboli - die Insel 172
Stromboli - die Stadt 172
Stromboli heute 174
Ginostra 174
Baden 175
Stromboli-Besteigung 176
Hotels 178
Restaurants 180

*****

<u>USTICA</u> 181

Anreise mit dem Schiff 182
Ustica - die Stadt 182
Ustica - die Insel 182
Inseltouren 183
Bootsausflüge 183
Auskunftsstellen für Touristen 184
Camping 184
Hotels 184
Leitungswasser 185
Restaurants, Trattorien 185
Saison, Tourismus 185
Tauchen und Schnorcheln 185

*****

LITERATUR 187

KARTEN

Egadische Inseln:
Favignana 49
Levanzo 61
Marettimo 67

Pelagische Inseln:
Lampedusa 73
Linosa 91

Pantelleria 101

Aeolische oder **Liparische Inseln:**
Lipari 139
Vulcano 151
Salina 158
Filicudi 161
Alicudi 164
Panarea 166
Stromboli 171

Ustica 181

Anreise nach Sizilien

Mit dem Auto

Beste und schnellste Anfahrtsmöglichkeit ist über die Autostrada del Sole (Gebühren) ab Mailand bis Villa San Giovanni (Fähre) oder Reggio Calabria (Fähre - transportiert aber keine Autos). Die Strecke ist bis Reggio vollständig ausgebaut.

Fährverbindungen nach Messina bestehen ganzjährig, täglich ununterbrochen, Anmeldung mindestens 30 Minuten vor Abfahrt. Dauer der Überfahrt ab Villa San Giovanni bis Messina 35 Minuten, ab Reggio 50 Minuten.

- Für die vorübergehende Einfuhr (bis zu 6 Monate) von Motorrädern, PKW, Campingbussen, Wohnwagen, Gepäck- und Bootsanhängern sind keine Zollformalitäten erforderlich.
- Wird das Fahrzeug nicht vom Eigentümer selbst benutzt, muß der Fahrer im Besitz einer Benutzungsvollmacht sein und darf keinen ständigen Wohnsitz in Italien haben.
- Deutscher Führerschein und deutsche Zulassung sind ausreichend.
- Nationalitätskennzeichen D muß am Fahrzeug angebracht sein.
- Internationale Grüne Versicherungskarte gilt (sie wird bei Polizeikontrollen oft als Versicherungsnachweis verlangt!)

- Private Kraftfahrzeuge, die zu touristischen Zwecken eingeführt werden, sind in Italien für 1 Jahr steuerfrei.
- Der Straßenhilfsdienst des ACI ist unter der Telefonnummer 116 zu erreichen.
- Das ADAC-Tourenpaket Süditalien bietet Benzingutscheine und reduzierte Mautgebühren. Auskunft bei jeder ADAC-Geschäftsstelle.

*****

Mit dem Bus

Busreisen direkt bis Sizilien sind nur als Pauschalarrangement mit Hotel möglich. In Ausnahmefällen kann auch schon mal 'nur Fahrt' gebucht werden, jedoch nur zu den ausgeschriebenen Terminen.
Auskünfte erteilen Reisebüros und Busunternehmen.

Ein Touringbus fährt nur bis Abano Terme; Abfahrtsmöglichkeiten in Deutschland ab Düsseldorf, Köln, Frankfurt, Würzburg, Nürnberg, Stuttgart, München. Auskünfte über Deutsche Touring GmbH, Am Römerhof 17, 6000 Frankfurt/M., Telefon 0611 - 7903240; Fahrpläne und Preise auch über Reisebüros.

Die innersizilianischen Busverbindungen sind sehr gut, die Straßen in hervorragendem Zustand. Fahrpläne und Auskünfte gibt's über

ISTA, Via delle Regionale Siciliana, Palermo
SAIS, Via Paulo Balsamo, Palermo
CIAT, Via Roma 30, Palermo
SAIS, Piazza delle Republica 6, Messina

Mit dem Flugzeug

Mit Charter:
Schnellste und bequemste Möglichkeit, nach Sizilien zu gelangen, Flugdauer München-Palermo ca. 2 Stunden. Reisebüros und Studentenreisebüros arbeiten mit Sonderpreislisten und können deshalb sehr attraktive Flugpreise bieten, die meist die in den Veranstalterkatalogen genannten 'Campingflüge' noch unterbieten. Nachsaison- und Vorsaisonpreise z.B. München-Palermo-München: ca. DM 500.- bis DM 600.-. Die Preise schwanken je nach Saison und Abflughafen.

Mehrere Reisebüros checken! Die Angebote wechseln ständig - und manche Angestellte glauben, es gibt nur das, was sie kennen. Z. Zt. bietet **Condor** zahlreiche günstige Verbindungen.

Das beim Charterflug enthaltene Pauschalarrangement ist nur pro forma und muß deshalb auch nicht in Anspruch genommen werden. Nachteil der Charterflüge sind die festen Flugtermine, das heißt, man muß unbedingt zum vorgeschriebenen und auf dem Ticket ausgedruckten Datum fliegen, da sonst der Anspruch auf Beförderung entfällt. Eine Umbuchung des Rückfluges über die örtliche Reiseleitung kann allerdings möglich gemacht werden, sofern kurzfristig Plätze frei geworden sind, was während der Hochsaison ziemlich ausgeschlossen sein dürfte.

Zielflughäfen sind <u>Catania</u> und <u>Palermo</u>. Die Preise sind meist gleich, Catania wird neuerdings häufiger angeflogen. Zur zügigen Anreise auf die **Aeolischen Inseln, Ustica** und die **Egadischen Inseln** ist Palermo die beste Destination, von hier durchgehende Züge zu den Fährhäfen Milazza, bzw. Trapani. Nachteil Palermo: Hektische, im Sommer chaotische Stadt mit vielen scheußlichen, halbzerfallenen Vierteln (vgl. S.20f.), Catania ist aber auch kein Kleinod.

A c h t u n g : Den Rückflugtermin auf jeden Fall nochmals von der örtlichen Reiseleitung rückbestätigen lassen - steht auch in den Bedingungen der Chartergesellschaften.

Mit L i n i e :

z.B. mit Alitalia, Lufthansa, Swissair (nur bis Rom).
Die Anreise ist aber wegen der Zwischenstops sehr viel
langwieriger. (Wer allerdings nicht darauf angewiesen ist,
so schnell wie möglich nach Sizilien zu gelangen, dem
bieten die kostenlosen Zwischenstops ungeahnte Möglichkeiten zu kurzem oder längerem Sightseeing!)

Auch Liniengesellschaften bieten verbilligte Tarife bei
Reisen von mehr als 7 Tagen und nicht mehr als 4 Wochen;
diese Preise liegen aber immer noch empfindlich über den
Charterpreisen.

Auskünfte über ALITALIA, Rubensstraße 2, 6 Frankfurt 70,
Tel. 0611 - 60940, oder Reservierung Tel. 609431, sowie
über jedes IATA-Reisebüro.

Günstig sind oft die "Fly & Drive" Angebote
verschiedener Liniengesellschaften, so z. B.:
"Jetdrive" von ALITALIA und AVIS. Linien-
flug Frankfurt - Catania, 1 Woche Mietwagen
ohne km-Begrenzung, Rückgabe an jeder AVIS-
Station, ca. 1.300 Mark.

* * * * *

Mit dem Schiff

Neapel-Palermo:
Abfahrt täglich, Auto-Verladung, Fahrtzeit ca. 10 Stunden. Passage pro Pers. ca. DM 80.-, Auto DM 120.-

Genua-Palermo:
Abfahrt 4 x wöchentlich, Auto-Verladung, Fahrtzeit ca.
22 Stunden. Passage pro Pers. ca. DM 130.-, Auto DM 200.-

Livorno-Palermo:
Abfahrt 3 x wöchentlich, Auto-Verladung, Fahrtzeit ca.
18 Stunden.

Auskunft und Buchung über ein Reisebüro oder über die
Reederei Grandi Traghetti S.p.A., Palazzo SIAT, Via
Ravasco 10, Genua, Telefon 567051 oder bei Grandi
Traghetti direkt am Hafen.

Seit neuestem bietet auch Transalpino billige Fährmöglichkeiten nach Sizilien -
Bedingungen im Reisebüro erfragen.

Mit dem Zug

Eine ziemlich langwierige Angelegenheit! Besonders im
Hochsommer zur Hauptreisezeit, wenn die Züge heiß, überfüllt und stickig sind, kann dies eine einzige Nerverei
werden. Die Züge sind von Turin bzw. von Mailand bis
Messina 18 Stunden und bis Palermo runde 22 Stunden unterwegs.

Verbilligte Tickets für Leute unter 26 gibt's von
Transalpino und Twen Tours. Auskünfte erteilt jedes
autorisierte Reisebüro bzw. die Hochschulreisebüros.

- Reisegepäck wird gegen Vorlage einer Fahrkarte durchgehend abgefertigt.
- Bis 20 kg werden gegen Bezahlung einer Abfertigungsgebühr frachtfrei befördert.
- Unbegleitetes Reisegepäck kann auch als Expressgut aufgegeben werden.
- Autoreisezüge verkehren unter anderem nach Genua und Mailand.

Innersizilianisches Zugreisen ist preislich sehr
interessant, die Tickets sind ca. 50% billiger
als man von deutschen Fahrkarten gewöhnt
ist.
Ganz Sizilien läßt sich gut mit dem Zug bereisen! Aber: Kein dichtes Streckennetz, oft
nur 2 - 3 Züge pro Tag. Bahnhöfe liegen
teilweise weit außerhalb des Zentrums.
Gute und zahlreiche Verbindungen gibt es
entlang der Nord- und Ostküste.

Sizilien

Statt langer Worte über Tempel, Mafia und Orangen nur soviel: Sizilien ist nach wie vor das Armenhaus Italiens. Die Lire-Billionen der staatl. Förderungsprogramme bescherten der Insel eine chaotische Industrialisierung der Küstenstreifen, extrem um Palermo und Catania, unglaublich um Siracusa. Die einsetzende Landflucht ließ die Dörfer zu Altersheimen werden, während in den Küstenstreifen und Vorstädten neue Slums entstanden.

Die Städte können die Hoffnung auf das "neue Leben" nur selten erfüllen, die mittelalterlichen Moralfesseln des Landes werden in der Stadt durch schlechte Wohnverhältnisse, Armut und Kriminalität ersetzt. Was für die Masse bleibt, ist der tägliche Lebenskampf. Die fetten Erlöse aus dem Bauboom fließen - wie seit Jahrhunderten - in die Taschen weniger. Die Mafia ist nach dem Staat der zweitgrößte Arbeitgeber auf der Insel. Es gibt Städte, z.B. Favaral an der Südküste, in denen bis zu 75% der Neubauten ohne Genehmigung gebaut wurden. Dem großen Heer der Armen, der Arbeits- und Funktionslosen bleibt als bittere, freilich auch kostenlose Überlebensstrategie nur das sprichwörtliche sizilianische Mißtrauen. Auch der Fremde spürt es: der Messerblick, in den Dörfern, der sagt: "Hier bleibst du ewig fremd."

Da freut man sich auf die Inseln, die Landschaften bieten, von denen Sizilien nur noch träumt, und denen der Tourismus, neben vielen Nachteilen, auch Vieles gebracht hat: offene, immer geschäftstüchtige, oft freundliche Lebensart.

Hier ein paar praktische Tips zu den Städten, mit welchen man bei dem in diesem Buch beschriebenen *Island Hopping* in Verbindung kommt.

Marsala

mit Eingemeindungen runde 83.000 Einwohner zählende Handels- und Industriestadt an der Westecke Siziliens und zur Provinz Trapani gehörend. Marsala ist weltbekannt durch den gleichnamigen Dessertwein.

Infos:
Auskünfte über Pro Loco, Plaza della Republica, Marsala.

Camping:
- *Villa del Sole, Lungomare Mediterraneo 63, Telefon 951593.*

Hotels der II. Kategorie:
- *Hotel Cap 3000, Via Trapani 147, Telefon 189225, DZ DM 56.-*
- *Motel Agip, Telefon 951611/953294, DZ DM 52.- bis DM 56.-*
- *Hotel Stella d'Italia, Via M. Rapisardi 7, Tel. 953003 DZ DM 38.- bis DM 56.-*

Hotels der III. Kategorie:
- *Hotel Garden, Via Gambini 36, Telefon 959013, DZ DM 28.- bis DM 42.-*

Mazara del Vallo

ca. 40.000 Einwohner zählende Stadt an der Mündung des Flusses Mazaro. Großer Fischereihafen und Fischereiflotte, die - sofern sie nicht bestreikt im Hafen liegt - über den ganzen Kanal von Sizilien ausschwärmt.

Hotels der II. Kategorie:
- *Hotel Hopps, Telefon 946337/942617, DZ DM 90.-*

Hotels der IV. Kategorie:
- *Hotel Mediterraneo, Via Valeria 36, Telefon 941465, DZ DM 20.- bis DM 26.-*

Erice, Monte Erice

mit Eingemeindungen runde 19.000 Einwohner zählende Stadt. Zum Gipfel des Monte Erice (sehenswerter Ausblick auf Westsizilien und die vorgelagerten Egaden!) führt eine Seilbahn, die tagsüber stündlich verkehrt (Fahrtzeit: 25 Minuten).

Zug- und Busverbindungen nach Trapani

Hotels der I. Kategorie:
- *Hotel Ermione, Telefon 869138/869261, DZ DM 60.-*

Hotels der II. Kategorie:
- *Hotel Moderno, Via Vittorio Emanuele 67, Tel. 869300, DZ DM 54.- bis DM 56.-*
- *Hotel Nuovo Tirreno, Erice Pizzolungo, Via Enea, Tel. 27534/40075, DZ DM 56.-*
- *Astoria Park Hotel, Erice-San Cusumano, Tel. 62400, DZ DM 63.- bis DM 69.-*

Hotels der III. Kategorie:
- *Hotel L'Approdo, Strada prov. per Bonagia, Tel. 29183, DZ DM 40.-*

Hotels der IV. Kategorie:
- *Hotel Aosta, Erice-Casa Santa, Via Duca d'Aosta 47, Tel. 35624, DZ DM 23.-*

Pensionen:
- *Edelweiß, Tel. 869158, DZ DM 42.-*

Palermo

Hauptstadt Siziliens, ca. 700.000 Einwohner, Sitz der Regionalregierung und des Parlamento Siciliano, Sitz eines Erzbischofs und einer der wichtigsten Häfen Siziliens.

Palermo, Piazza Sant Euno. Frau Russo kommt gerade mit der jüngsten, behinderten Tochter aus dem Gefängnis, wo sie ihren Mann besucht hat. Sie hat acht Kinder, mit denen sie in anderthalb fensterlosen Altbauhöhlen wohnt. Das einzige Licht kommt auch im Winter durch die offenstehende Tür, die auf einen trostlosen Platz führt.

Dort, im Müll und in den Abfällen, wühlen die 15 Schafe, von denen die Familie Russo lebt. Das Fleisch wird an Metzger verkauft, die gekochten Innereien versuchen die Söhne an ihren Imbiß-Ständen auf dem Markt an den Mann zu bringen. Das trägt der Familie, zehn Personen, knapp 1000 Mark im Monat ein. Sizilien ist arm.

Palermo, Via Ruggero Settimo. Am Straßenrand, im absoluten Halteverbot, steht ein Bentley mit laufendem Motor, ein Chauffeur sitzt hinterm Steuer und wartet. Die Signora macht Shopping. Mit Leibwächter. Sizilien ist reich.

Sizilien ist voller Sprünge und Risse, zerspalten wie das Selbstbewußtsein seiner Bewohner, das hin und her schwankt zwischen maßloser Eigenliebe und höhnischer Selbstverachtung, das hin und her gerissen ist zwischen den strengen Regeln der alten Gesellschaft und den neuen Freiheiten.

stern 17/84

Gleich aus welcher Richtung man kommt: Palermo ist keine schöne Stadt. Halbzerfallene Hochhausviertel, Armengettos. Wohin man sieht weite, verwahrloste Betonsteppen, steingewordene Denkmäler von Ausbeutung und Spekulation.

Auch die Altstadt bietet Armut und Verfall über das übliche südländische Maß hinaus. Ganze Bezirke sind wegen Einsturzgefahr gesperrt, die Sanierungsmittel liegen auf Konten fest, während der Stadtrat sich nicht einigen kann, wer den Reibach macht.

Palermo ex und hopp

Natürlich gibt es eine Menge klassischer Sehenswürdigkeiten, Museen, etc..., aber wer sich mitten im Chaos noch an klassischen Rundbögen delektieren kann, braucht schon gute Nerven. Zum Ablaufen der üblichen "sights" braucht man mindestens drei - schweißtreibende - Tage. Von Juli - Sept. wird jeder Stadtgang zur Qual.

Südländisches Ambiente, Straßencafés und schattige Plätze gibts wenig in der Stadt, auch die drei Hauptstraßen der Innenstadt sind keine Boulevards, die zum Flanieren anmachen, sondern enge, laute und stinkende Verkehrsschluchten. Und die glutäugigen, schwarzgelockten Raggazzi singen keine Liebeslieder mehr, sondern fegen mit ihren Vespas durch Touristenpulks, und - weg ist das Täschle. Im Ernst: Es wird viel geklaut!

Kleiner Rundgang

Am liebsten bin ich im Viertel um den Bahnhof: Auf der weiten Plaza Guilio Cesare ist immer Leben, ein paar nette Kneipen, und zu meiner Hauptattraktion ist's nicht weit. Der alte **Vucciria-Markt**, zwischen Via Roma und dem Hafen, konzentriert sich hauptsächlich auf die Seitengassen um die Via Vitt. Emanuele. Ein fast orientalisches Gemisch aus Ständen, Läden, Buden und Betrügern, eine unglaubliche Vielfalt an frischen Landesprodukten: Obst, Gemüse, Fisch, alles. Am schönsten ist die Stimmung am Abend. Farben, Geruch und Klang satt. (Haben Sie Ihren Brustbeutel noch am Hals?) La Vucciria ist kein schnieker Nobelmarkt für Appartement-Singles, sondern Einkaufsquelle der breiten und armen Schicht, entsprechend die Qualität und Verkaufssitten.

Der nahe Hafen ist staubig und trostlos, ein Spiegel der Stadt. Zwischen dem Hafen und der Via Lincoln (die zum Bahnhof führt) Palermo zum Heulen: Die **Quartiere di Kalsa**, früher Nobelviertel, heute zerfallendes Armenquartier: Die Barockbauten an der Piazza Kalsa zerbröseln, die Kirche wegen Baufälligkeit geschlossen, und - ganz Italien - mittendrin eines der bedeutendsten Museen Siziliens: Die **Galleria Nazionale di Sicilia**, im Palazza Abatiellis (Via Alloro). Der gotische Bau ist eine Oase der Ruhe im Stadtgewusel. Viel sehenswerte klass. Malerei aus dem 13. - 18. Jh., schön präsentiert. Wer nach erbaulichem Rundgang hinaustritt, faßt spätestens jetzt den Entschluß: "Raus auf die Inseln", gleich wieviel Sternchen noch warten ....

Infos

Auskünfte und Stadtplan über das EPT, siehe S. 27. Das Büro liegt nahe der Endhaltestelle vom Flugplatzbus. (Ca. 200m nach oben gehen, zu den neuen Bürohäusern, gleich daneben ein ausgezeichnetes und preiswertes self-service Restaurant). Eine weitere Info-Stelle im Zugbahnhof.

Auto

Verkehrschaos und Parkplatznot permanent. Wagen im Hotel abstellen, weiter im Bus. Nichts, rein garnichts im Auto lassen.

Busse

Zentrale Haltestelle vor dem Zugbahnhof. Die meisten Linien führen entlang der Hauptachsen Via Vittorio Emanuele, Via Roma. Kleingeld für Ticketautomaten, Karten auch an Kiosken. Verbindungen billig & häufig.

Busse zum **Flughafen** fahren von der Piazza Ruggero Settimo (am Teatro Politeama Garibaldi etwa gegenüber vom Hotel Politeama) ab. Die Anfahrtszeiten sind angeschrieben, ein Ticket kostet ca. DM 3.30. Die Fahrt zum Flughafen dauert gute 45 Minuten. Die Busse sind mit der Aufschrift 'Prestia & Comande' beschriftet. Von der Piazza sind es auch nur ein paar hundert Meter zum Hafen (über die Via Eurico Amari).

Busse zum **Badevorort Mondello** ab Hauptbahnhof. Ca. 10 km, 30 min. Fahrt. An Wochenenden und im Hochsommer ist Mondello natürlich völlig überfüllt, ansonsten eine angenehme Sache. Weiter Strand (allerdings viele vermietete Abschnitte) eine endlose Reihe von Garküchen an der langen Promenade, zahlreiche Ristorante, deren Preise mit der Nähe zum Yachthafen aufbrisen.

Campingplätze

- Favorita Park, Richtung Mondello (s.o.) und Trinacria in Sferracavallo, Via Barcarello, Tel. 530 590.

Flughafen

Punta Raisi, 32 km westlich der Stadt. Busservice s.o.

Hotels

Unmöglich, alle aufzuführen, am besten Liste bei EPT (siehe 'Allgemeine Tips S. 27) anfordern.

Zahlreiche Hotels im Altstadtbereich um den Hauptbahnhof und in der Via Roma, Via Maqueda (laut). Preiswerte Hotels und Pensionen der 4. Kategorie oft muffig & spartanisch.

Im Hotel Sausele, III. Kat., Via V. Errante 12, Tel. 091-237 524, haben wir angenehm, ruhig und preiswert gewohnt. Nahe dem Bahnhof. DZ ab 60 Mark. Das Hotel kann bereits in Deutschland über jedes Reisebüro mit 'DER'-Vertretung reserviert werden.

Jugendherberge
Piazza della Pinta, im Normannenpalast

Schiffsverbindungen
Fährschiffe mit Autoverladung von und nach Genua 3 x wöchentlich;
von u. nach Livorno 3 x wöchentlich;
von u. nach Neapel täglich;
von u. nach Tunis 1 x wöchentlich;
von u. nach Sardinien 1 x wöchentlich;
Motorschiffe und Tragflügelboote nach Ustica, Cefalu. Zu den Äolischen Inseln nur im Sommer, ung. ab 15. 6.

Auskünfte über die Reedereien
- Tirrenia, Via Roma 385, Telefon 235515
- Grandi Traghetti S.p.A., Via M. Stabile 179, Telefon 587832/587939
- Siremar Agenzia Prestifilippi, Via F. Crispi 12, Telefon 582403.

Nach Büroschluß und Feiertags:
Aktuelle Fahrpläne im Hafen, Tickets auch dort.

Porto Empedocle

ca. 18.000 Einwohner zählende Industriestadt, Standort einer ungefähr 250 Boote großen Fischereiflotte.

Infos:
Schiffsverbindungen von und nach Pantelleria 1 x wöchentlich, von und nach Lampedusa und Linosa 5 x wöchentlich.

Hotels der I. Kategorie:
- Hotel Dei Pini, Telefon 66380, DZ DM 80.- bis DM 90.-
Hotels der II. Kategorie:
- Tiziana Residence, Telefon 67202, DZ DM 62.- bis DM 72.-
Hotels der III. Kategorie:
- Hotel Stoccarda, Salita Granet, Tel. 67698, DZ DM 44.- bis DM 54.-

*****

Trapani

79.135 Einwohner zählende Provinzhauptstadt mit Bischofssitz, Handels- und Fischereihafen, Ausgangsort zu den Egadischen Inseln.

Infos:
Auskunft über EPT, Corso Italia, Tel. 27273, Informationsbüro Piazza Saturno, Tel. 29000.

Busverkehr:
Stadtbusse und Verbindungen nach Erice, Marsala, Mazara del Vallo, Castelvetrano, Sciacca, San Vito lo Capo, Palermo.
Fast stündlicher Busdienst zwischen Trapani und Palermo. Der Bus fährt direkt am Aliscafi-Terminal ab. Bustickets gibt's bei der Agentur Sudoest, ungefähr 50 m gegenüber der Bushaltestelle. Das Busticket kostet etwa DM 8,10. Leider gibt es am Flughafen von Palermo (Punta Raisi) keine Aussteigemöglichkeit, man muß erst bis in die Stadtmitte fahren (dauert ab Flughafen runde 45 Min.), dann den Bus wechseln und wieder zurück zum Flughafen fahren.

Bahn:
Einmal täglich Kurswagen nach Rom über Marsala-Castelvetrano-Palermo, viele Verbindungen zu westsizilianischen Orten.

Flughafen:
Birgi, 14 km außerhalb in Richtung Marsala

Jugendherberge:
Ostello della Gioventu G. Amadeo, Vorort Raganzili

Schiffsverbindungen:
Fährschiffe mit Autoverladung von und nach Tunis 1 x wöchentlich;
Motorschiffe nach Pantelleria 6 x wöchentlich;
Motorschiffe und Tragflügelboote zu den Egadischen Inseln mehrmals täglich (siehe Seite 41).

Hotels der II. Kategorie:
- *Hotel Nuovo Russo, Via Tintori 6, Tel. 22166/22163, DZ DM 38.- bis DM 50.-*

Hotels der III. Kategorie:
- *Hotel Cavallino Bianco, Lungomare Dante Alighieri, Tel. 21549/23902, DZ DM 38.- bis DM 44.-*
- *Hotel Vittoria, Via F. Crispi 4, Tel. 27244, DZ DM 33.- bis DM 44.-*

Hotels der IV. Kategorie:
- *Hotel Miramare, Via Serraino Vilpitta 4, Tel. 29176, DZ DM 20.- bis DM 26.-*
- *Hotel Moderno, Via Tenente Genovese 20, Tel. 21247, DZ DM 19.- bis DM 26.-*
- *Hotel Sole, Piazza Umberto I 3, Tel. 22035, DZ (ohne Bad/Dusche) DM 20.-*

Pensionen der Kategorie P3:
- *Macotta, Via degli Argentieri, Tel. 28418, DZ (ohne Bad/Dusche) DM 20.-*
- *Messina, Corso Vittoria Emanuele 87, Tel. 21198, DZ (ohne Bad/Dusche) DM 20.-*

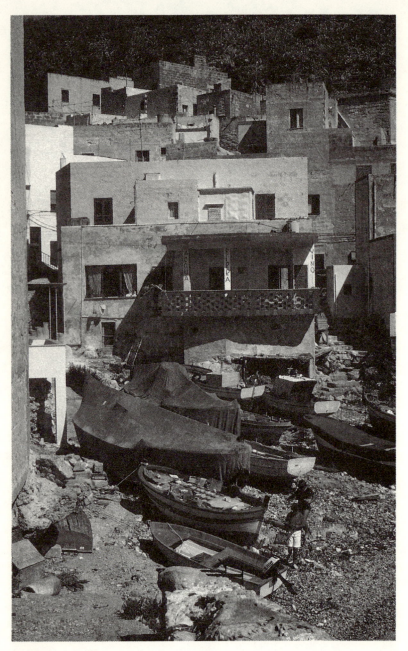

Levanzo

Allgemeine Tips

Auskunftsstellen für Touristen

In Deutschland:

Staatliches Italienisches Fremdenverkehrsamt E.N.I.T., Kaiserstraße 65, 6000 Frankfurt, Telefon 0611 - 231213.

In der Schweiz:

Uraniastraße 32, CH-8001 Zürich, Telefon 273633.

In Österreich:

Kärntnerring 4, A-1010 Wien, Telefon 654374.

In Italien:

Ente Provinciale per il Turismo, EPT, Piazza Castelnuovo 34, Palermo - oder über das
Assesorato Turismo, Comunicazioni e Transporte delle Regione Siciliana, Via Notarbartolo 9, Palermo.

Die für die einzelnen Inseln und Inselgruppen zuständigen EPTs sind unter den jeweiligen Inseln aufgeführt.
Das EPT unterhält je ein Auskunftsbüro im internationalen sowie im nationalen Bereich des Flughafens von Palermo.

Im internationalen Flughafen im EPT-Büro nach Salvatore Palazzolo fragen. Er spricht neben englisch und französisch auch deutsch, ist stets freundlich und hilfsbereit und hat durch viele eigene Reisen ein paar gute Tips (auch über Sizilien) parat.

Das Prospektmaterial, welches das EPT kostenlos zur Verfügung stellt, ist gut aufgemacht und z.T. auch gut fotografiert. Wer Sizilien bereisen will, wird aus den Prospekten viel Wissenswertes über Kunst, Kultur, Land und Leute erfahren.
Leider geht das Material über die Inseln und Inselgruppen über das übliche Prospekte-Blabla (... unvergleichliche Naturschönheit, fischreiches Meer, saubere Fischerhäuschen, berühmte Hummer ...) nicht hinaus, handfeste Informationen sucht man vergeblich.

Badeschuhe

Viele der besprochenen Inseln haben Kieselstrände und Klippenküsten; man kann dort zwar herrlich schwimmen, sich aber unter Umständen auch ziemliche Verletzungen an den Fußsohlen zuziehen. Also: Badeschuhe anziehen, dann geht's problemloser.

 Wer nicht ständig das Schuhwerk wechseln will, bzw. eine Antipathie gegen Plastiklatschen hat, kann in billigen Turnschuhen ins Wasser gehen, die trocknen recht schnell wieder!

Benzin

Irrsinnig teuer, ein Liter Super kostet knappe DM 2.-
Diesel kostet ung. so viel wie bei uns.
Beim ADAC gibts 'Tourenpakete' mit Benzingutscheinen und reduzierten Mautgebühren für die ital. Autobahnen.

Devisen

Vorher bei der Bank erkundigen, welche Beträge ein- und ausgeführt werden dürfen; die Bestimmungen wechseln des öfteren. Umtausch ist in Italien meist etwas günstiger, EC-Schecks werden von allen Banken akzeptiert.

Ermäßigungen

Das Assesorato Turismo bietet allen Passagieren, welche von Palermo oder Trapani nach Pantelleria oder Lampedusa und wieder zurück nach Sizilien fliegen, eine Ermäßigung von 50%, die Flugtickets werden dadurch spottbillig. So kostet die Strecke Palermo-Pantelleria-Palermo etwas mehr als DM 40.-.

 Diese Ermäßigung gilt auch für Tickets, die an anderer Stelle - etwa über ein Reisebüro in Deutschland - gebucht und bezahlt wurden.

Eine Rückzahlung von 50% des bereits in Deutschland verauslagten Vollbetrages ist möglich bei folgenden Stellen:
In Pantelleria bei der ALITALIA-Agentur La Cossira, Via Borgo Italia (an der Uferpromenade, neben dem Hotel Albergo del Porto).
In Lampedusa am ATI- (Tochtergesellschaft der Alitalia) Schalter im Flughafengebäude.
Ermäßigungen in Höhe von 50% gibt es auch für Schiffspassagen (Autofähre) nach Sizilien und zurück, die Passagen müssen aber auf Schiffen derselben Reedereien durchgeführt werden. (Tirrenia, Grandi, Traghetti)

Einreisebestimmungen

Für die Einreise nach Italien genügt ein gültiger Personalausweis (für Bürger der EG-Länder), Personen von 15 Jahren an benötigen einen eigenen Ausweis.

Bürger aus Ländern außerhalb der EG müssen einen gültigen Reisepaß vorweisen.

Autos und Motorräder, die nach Sizilien verschifft werden, müssen vor der Verladung in Genua, Neapel oder Villa San Giovanni beim Hafenzollamt eingetragen werden, ebenso bei der Rückfahrt.
Auskünfte durch die Agenturen der Reedereien bzw. direkt am Hafen.

Feiertage

Der 1. Januar, Ostersonntag und Ostermontag, der 25. April, 1. Mai, 15. August, 1. November, 8., 25. und 26. Dezember sind offizielle Feiertage.

FKK & Topless

Nacktbaden ist in Italien grundsätzlich verboten.
Auf Pantelleria gibt es seit Sommer 1982 einen Beschluß, wonach oben-ohne-Baden zwar offiziell erlaubt ist, jedoch tunlichst nur solche Frauen das Bikinioberteil abstreifen sollen, "die über einen ästhetischen Busen" verfügen. So jedenfalls lautet der Beschluß des Bürgermeisters von Pantelleria. Das Presseecho auf diesen seltsamen Beschluß war ziemlich heftig, sogar der SPIEGEL hielt es für notwendig, einen Artikel dazu zu veröffentlichen.
Vor Ort jedoch schert sich niemand um irgendwelche Ge- und Verbote, Beschlüsse und Presseartikel, jeder zieht aus bzw. an, was ihm gefällt. Man gibt sich äußerst freizügig - nicht immer zum Entzücken der Einheimischen, die mit dieser Freizügigkeit recht plötzlich und schonungslos konfrontiert wurden. Nach wie vor kann es aber Probleme mit unruhig gewordenen Dorfpolizisten geben - Regeln gibts da keine - eben Italien.
Dies gilt für alle besprochenen Inseln.

Foto & Filme

Genügend Material mitnehmen, auf den Inseln sind Foto- und Filmmaterial, sofern überhaupt erhältlich, irrsinnig teuer. Falls doch mal dort Filme gekauft werden müssen - unbedingt auf das Verfalldatum achten!

Vor der Reise auch mit Ersatzbatterien für die technischen Geräte eindecken, ausgefallene Batterien (Knopfzellen) sind nicht zu bekommen.

Gastfreundschaft, Hilfsbereitschaft

In den Touristenzentren und deren unmittelbarer Umgebung ist Gastfreundschaft - besonders zur Hauptreisezeit - bereits ein Fremdwort geworden. In ländlichen Gegenden wird sie nach wie vor noch praktiziert und spontane Einladungen zum Wein, ja sogar zum Essen, sind keine Seltenheit.
Auf Hilfsbereitschaft trifft man überall, oft wissen Einheimische über die Schiffs-, Bus- und Zugverbindungen bestens Bescheid und geben sehr freundlich Auskunft, stehen nicht nur mit Rat, sondern oft auch mit Tat zur Verfügung (in Form von 'Zubringerdiensten' zum Hafen, Flughafen, etc.).

Wer in Fremdenverkehrszentren in der Hochsaison ausgeglichene, freundliche Leute erwartet, ist selbst schuld.

Hotels

Das Staatliche Italienische Fremdenverkehrsamt gibt jedes Jahr ein überarbeitetes Hotelverzeichnis für Sizilien und die umliegenden Inseln heraus. Dieses enthält, nach Provinzen und Orten eingeteilt, alle Hotels sowie genaue Angaben zu deren Ausstattung. Außerdem eine Tabelle mit Preisen. Die meisten Hotels bieten entweder Vollpension oder nur Übernachtung ohne Frühstück.

Wer nur Übernachtung bucht, kann preiswert in den zahlreichen kleinen Bars, die auch auf den winzigsten Inseln zu finden sind, frühstücken.

Hotelkategorien:

Die Hotels sind in die Kategorien L (Luxus), und I bis IV eingeteilt. Preisangaben zu Hotels, die in diesem Buch aufgeführt sind, stehen, wenn nichts anderes vermerkt ist, für die Übernachtung im DZ mit Dusche/WC.

Kurzkommentar zu den einzelnen Hotelkategorien

L (= Luxushotel) und I:
International anerkanntes Luxushotel bzw. international anerkanntes, erstklassiges Haus mit entsprechenden Einrichtungen, komfortablen bis luxuriösen Zimmern, den entsprechenden Preisen, oft aber gesichtslose Einheitsbauten und hauptsächlich von Geschäftsreisenden frequentiert.

Kategorie II und III:
Ausgezeichnetes Hotel mit gut ausgestatteten Zimmern, Garantie für gute Unterkünfte, die jedoch keineswegs unbedingt gemütlich sein müssen. Als Urlaubshotels oft laut, hellhörig und einrichtungsmäßig ziemlich gleich ausgestattet.

Kategorie IV:
Einfache Hotels, die, wenn sie neu gebaut sind, durchaus reizvoll sein können. Bei älteren Häusern ist etwas Vorsicht geboten, sie sind oft recht schmuddelig. Hotels dieser Kategorie in den Städten sind wochentags meist ziemlich ausgebucht, da Handelsreisende bevorzugt in solchen Hotels absteigen. Im übrigen sind die Hotelzimmer dieser Kategorie nur mit Fließwasser ausgestattet.

Pensionen sind in drei Kategorien eingeteilt, die Kategorie I bei den Pensionen entspricht in etwa dem Standard der Kategorie II bei den Hotels. Bei Pensionen gilt: Auch die einfachsten Häuser können sehr gemütlich sein und viel Atmosphäre haben - wenn sie ziemlich neu gebaut sind. Vorsicht ist bei den ganz einfachen und älteren Pensionen in den Großstädten geboten.

Bevor man ein Zimmer in einer Unterkunft der niedrigeren Kategorie mietet, unbedingt darauf bestehen, es vorher genau zu inspizieren, um jede unliebsame Überraschung zu vermeiden.

Island Hopping

Eine tolle Sache, die sehr viel Spaß macht, da man auf diese Art und Weise in kurzer Zeit sehr viele Inseln, Verkehrsmittel und Leute kennenlernt.

Während der Vor- und Nachsaison kann Island Hopping auf den sizilianischen Inseln etwas umständlicher werden, besonders in der Nachsaison, wenn die Schiffsverbindungen nicht mehr so regelmäßig sind, oder wenn nur noch eine (nicht immer zuverlässige) Reederei den Schiffsdienst bestreitet.
Eine Schiffsverbindung Pantelleria-Lampedusa gibt es nur während der Sommermonate, in der Nachsaison, also ab ca. Mitte September, muß man u.U. zuerst nach Sizilien zurückkehren, um von dort aus dann nach Lampedusa zu kommen.

Wer darauf angewiesen ist, zu einem bestimmten Termin von Pantelleria oder Lampedusa wegzukommen, sollte sicherheitshalber einen Flug buchen.

Jugendherbergen

Ein Verzeichnis der italienischen Jugendherbergen (erscheint alljährlich) kann man über Federcampeggi, Casella Postale 649, 50100 Florenz, anfordern.

Konsulate

Für Deutschland:
- Via Quintino Sella 77, Palermo, Telefon 329013, 583377;
- in Catania Via Veei 9, Telefon 43055;
- in Messina Via San Camillo 16/18, Telefon 364012.

Für die Schweiz:
- Viale XX Settembre 45 G, Catania, Telefon 274989.

Notruf

In ganz Italien und Sizilien unter der Rufnummer 113.

Öffnungszeiten

Die **Geschäfte** haben in der Zeit von 8.30 Uhr bis 12.30 Uhr geöffnet, einige auch von 9.00 Uhr bis 13.00 Uhr, und von 16.00 Uhr bis 19.30 Uhr. In größeren Ferienorten liegen die abendlichen Ladenschlußzeiten oft noch erheblich darüber.

Büros sind in der Mittagszeit zwischen 12.00 Uhr und 15.00 Uhr geschlossen, Behörden sind für den Publikumsverkehr nur vormittags geöffnet.

Öffnungszeiten der **Banken:** Von 8.30 Uhr bis 12.30 Uhr und von 15.30 Uhr bis 16.45 Uhr. Nicht alle Banken haben nachmittags geöffnet.
Selbst bei den kleinsten Banken gibt es keine Schwierigkeiten beim Einlösen von Euro-Schecks.

Post: Schalterstunden von 9.00 Uhr bis 13.00 Uhr und von 16.00 Uhr bis 18.00 Uhr.
Briefmarken sind auch in den mit 'Tabacchi' beschrifteten Lädchen und Bars zu bekommen.

Ratschläge

Vorsicht vor der scharfen Sonne (besonders auf den Pelagen und Pantelleria), deren Wirkungskraft auch von italienischen Touristen sehr oft unterschätzt wird.
Einheimische erzählen, daß im Sommer 1982 auf Pantelleria und den Pelagen eine monatelange Hitzeperiode herrschte mit Wahnsinns-Temperaturen, die wochenlang über dem 50°-Strich lagen. Folge: Verheerende Brände auf Pantelleria, Sonnenstiche und Hitzschläge nicht nur unter Touristen. Kommentar eines Einheimischen: "Wir waren knapp vorm Durchdrehen!"
Also: Langsam eingewöhnen, hochkarätige Sonnenschutzmittel verwenden und nicht sparsam damit umgehen; Kopfbedeckung nicht vergessen.

Bei **Sonnenbrand:**
Falls man keine kühlenden Salben (Systral) von zuhause mitgebracht hat und auch keine Apotheke in der Nähe ist, auf Hausmittel zurückgreifen: Buttermilch, Naturjoghurt oder Quark auf die betroffenen Stellen streichen.

Bei **Sonnenstich:**
Sofort in den Schatten legen, bzw. Schatten herstellen, Kopf etwas erhöht lagern und mit nassen Tüchern (häufig wechseln) kühlen. Sicherheitshalber einen Arzt zu Rate ziehen.

Bei **Quallenverbrennungen:**
Eine kurze Konfrontation mit Quallen geht meist glimpflich aus, die kleineren Verbrennungen lassen sich gut mit Systral-Salbe behandeln. Wer längeren Hautkontakt mit Quallen hatte, kann sehr üble Verbrennungen davontragen. In diesem Fall unbedingt einen Arzt aufsuchen, es könnte Komplikationen geben.
Lieber einen großen Bogen um die Biester machen - es geht um die eigene Haut!

Bei **Seeigelstacheln:**
Die betroffenen Stellen mit warmem Olivenöl betupfen und
die Stacheln sofort entfernen. Läßt man die Stacheln längere
Zeit in der Haut stecken, werden sie ganz weich und sind
nur schwer rauszubekommen, da sie immer wieder abbrechen
und rasch zu Vereiterungen führen.

Restaurants, Trattorien

Die unter der Bezeichnung *Ristorante* laufenden Lokale
stellen die feinere Kategorie dar, natürlich mit ent-
sprechendem Preisniveau.
Eine *Trattoria* signalisiert eine Lokalität der ein-
facheren Klasse, wo auch etwas preisgünstigeres Essen
erwartet werden kann.
Auf den Inseln verwischen sich die Übergänge, manch ein
gutes und geschmackvoll eingerichtetes Lokal mit hohen
Preisen läuft unter der Bezeichnung 'Trattoria', während
sich oft eine ganz einfache Kneipe mit gutem, billigem
Essen als 'Ristorante' bezeichnet.
Als nächste Kategorie steht die *Pizzeria* (Vorsicht,
manchmal muß man noch für's Gedeck extra bezahlen). Dort
gibt es neben vielerlei Arten von Pizzen auch sonstige
Kleingerichte.

Wer nur über einen ganz schmalen Geldbeutel
verfügt, hält Ausschau nach der Aufschrift
Tavola Calda, in diesen Imbißstuben gibt es
Kleingerichte aller Art. In Bäckereien mit
der Aufschrift *Pane - Pizze* kann man - meist
am frühen Abend - leckere kleine Pizzen
(ofenfrisch!) kaufen, die je nach Belag
zwischen DM 1,50 bis DM 2,50 kosten.

In einigen Metzgereien gibt es halbe oder ganze Brat-
hühner zu kaufen, die superfrisch und in Zubereitung und
Geschmack den in internationalen Imbiß-Ketten erhältlichen
Hormon-Geiern absolut über sind. Ein ganzes Brathuhn
kostet zwar ca. DM 9.-, ist also auch nicht gerade ganz
billig, dafür sind die Portionen auch unverschämt groß.

Schiffe

Die elegant aussehenden Tragflügelboote *(Aliscafi)* sind um etliches schneller als Motorschiffe, allerdings sind die Tickets auch um einiges teurer. Dies legt sich besonders bei längeren Fahrten ganz empfindlich auf den Geldbeutel. (Lampedusa-Linosa, Hin und Zurück, pro Person ca. DM 40.- !!!)
Eine längerdauernde Fahrt mit dem Tragflügelboot ist nicht unbedingt ein besonders schönes Erlebnis. Das harte und sehr unregelmäßige Aufschlagen des Schiffes in die Wellen kann sehr ungemütlich werden und sich tierisch auf das Gleichgewichtsorgan legen. Nach einer Stunde Fahrt sind die meisten Passagiere seekrank und halb taub von dem unglaublichen Lärm, den ein solches Schnellboot verbreitet. Hinzu kommt, daß man bei den kleinen Aliscafi nicht an Deck umherspazieren kann; wem's schlecht wird, hat praktisch keine Möglichkeit, sich in der frischen Luft etwas auszukurieren.

Motorschiffe sind langsamer, die Fahrt ist aber ungleich beschaulicher, und die Tickets sind um einiges billiger. Allerdings kann man auch bei der Fahrt auf einem gemütlichen Dampfer seekrank werden, nur dauert es meist etwas länger, bis man sich so richtig krank und übel fühlt.

 Bei längeren Fahrten auf jeden Fall Mittel gegen Seekrankheit einnehmen.

Die Schiffsbesatzungen sind in der Hochsaison sehr gestresst, aber in Vor- und Nachsaison, wenn nur noch wenige Passagiere befördert werden, immer zu einem Gespräch aufgelegt, sehr kontakt- und auskunftsfreudig und können manchen Tip nicht nur für's Weiterkommen, sondern auch zu den einzelnen Inseln geben. Die Besatzung fährt nicht immer die selbe Route, sondern wird ausgetauscht und kennt dadurch sehr viele Häfen und Inseln. Also ruhig die Besatzung etwas ausfragen, es kommt viel Positives dabei heraus.

Sprache

Wer die ganz abgelegenen Inseln wie Lampedusa oder Linosa besucht, sollte sich einigermaßen gut in der Landessprache verständigen können. Mit Italienischkenntnissen fällt der Kontakt zu den Inselleuten wesentlich leichter.
Etwas anders verhält es sich auf den Äolischen und Egadischen Inseln. Hier trifft man schon eher mal deutschsprechende Italiener, meist Leute, die ihre Sprachkenntnisse als Gastarbeiter in Deutschland erworben haben. Englisch bzw. Französisch kann man sich mit vielen der norditalienischen Touristen verständigen.

Telefon

Telefongespräche aus der Telefonzelle bzw. von einem Apparat in einer Bar sind nur mit Telefonmünzen *(Gettone)* möglich. Die neueren Telefonzellen sind aber auch mit Einwurfschlitzen für 100- bzw. 200-Lire-Münzen gerüstet. Für ein Stadtgespräch genügt meist eine Telefonmünze im Wert von 100 Lire. (Öffentliche Telefone bzw. Zellen sind mit dem gelben Wählscheibenkreis gekennzeichnet. Gettone kann man aus dafür vorgesehenen Automaten ziehen, bzw. in Bars kaufen.

Telefongespräche nach Deutschland: Vorwahl 0049, anschließend Ortskennzahl ohne die erste Null, dann Teilnehmernummer wählen.

Die Vorwahl von Österreich ist 0043, von der Schweiz 0041.

Traumstrände

Auf Traumstrände, Klippenbuchten, Bademöglichkeiten etc. wird jeweils im Text 'Inselerkundung' hingewiesen.

Unterwassersport

Sämtliche in diesem Buch erwähnten Inseln sind phantastische und bereits bekannte Reviere für Unterwassersportler. Unter Profis bekannt ist die alljährlich auf Ustica stattfindende Rassegna Internazionale delle Attivitá Subacquee.

Marettimo

Egadische Inseln

Der aus drei bewohnten (**Favignana, Levanzo, Marettimo**) und einigen unbewohnten Felsklippen bestehende Archipel der Egadischen Inseln liegt vor der westsizilianischen Küste, in Sichtweite von Trapani, 17 km von dort entfernt, 13 km von Marsala. Favignana liegt Trapani am nächsten.

Anreise mit dem Schiff

Kursschiffe und Aliscafi der Reedereien Conamar und Siremar sowie Grandi Traghetti verkehren mehrmals täglich zwischen Trapani und Favignana. Genaue Abfahrtszeiten zu nennen ist sinnlos, da diese stetig wechseln.

Die Verbindungen zwischen Trapani, Favignana, Levanzo und Marettimo sind sehr regelmäßig und im Hochsommer mehrmals täglich zwischen allen Inseln, flauen aber ab September wieder ab. Zwar wird Levanzo dann noch zweimal täglich angefahren, Marettimo jedoch nur noch einmal täglich, später dann nur noch einmal wöchentlich.

Eine Fahrt mit dem Tragflügelboot dauert ab Trapani bis Favignana ca. 20 Minuten und kostet DM 2.-. Die Kursschiffe brauchen für diese Fahrt runde 50 Minuten, die Tickets sind unwesentlich billiger.

Favignana - Levanzo mit dem Aliscafo:
Fahrtdauer ca. 10 Min., kostet DM 2,50.

Favignana - Marettimo mit dem Aliscafo:
Fahrtdauer ca. 20 Min., kostet DM 6,60.

Karten sind direkt an den Abfahrtsstellen in den Häfen zu bekommen - in Trapani am Aliscafi-Terminal.
Auskünfte über Siremar: Via Francesco Crispi 120, Palermo, Tel. 582403, Telex 910135.

Aliscafo

Auskunftsstellen für Touristen

Die Egadischen Inseln gehören verwaltungsmäßig zur Provinz Trapani; Auskünfte erteilt:

Ente Provinciale per il Turismo, EPT, Corso Italia 10, Trapani, Telefon 27273.

In der Piazza Saturno in Trapani gibt es noch ein Informationsbüro des EPT, telefonisch zu erreichen unter der Nummer 29000.

Im Ort Favignana bekommt man die notwendigen Auskünfte über Hotel- und Privatzimmer über Pro Loco, Piazza Madrice (Ortsmitte). Die Öffnungszeiten sind 9.00 Uhr bis 12.00 Uhr und 16.00 Uhr bis 20.00 Uhr während der Hochsaison, während VS und NS sind die Öffnungszeiten unregelmäßig.

Gesprächspartner im Pro Loco ist Giovanni Lombardo, ein freundlicher älterer Herr, der vor allem bei der Zimmerreservierung behilflich sein kann. Herr Lombardo spricht deutsch und vermittelt auch Zimmer auf Levanzo und Marettimo.

 Falls das Auskunftsbüro geschlossen sein sollte, einfach in den umliegenden Bars oder am Hafen bei den Fischern nach Unterkunftsmöglichkeiten nachfragen.

Saison, Tourismus

Alle in diesem Buch genannten Inseln sind im inneritalienischen Tourismus seit einigen Jahren ein Thema. Auf die Egaden strömen im Monat August sehr viele Sizilianer, einige haben kleine Feriendomizile auf den Inseln.
Bei den Deutschen sind die Inseln wenig, bei Engländern, Franzosen, Holländern so gut wie unbekannt.

Individualreisende sollten die Inseln unbedingt von Mitte Juli bis Ende August meiden!!! Zu dieser Zeit wird kaum ein Zimmer frei sein, Schiffe sind überfüllt, die Mannschaften gestresst und die Stimmung unter den Einheimi-

schen ist dementsprechend. Sie sind jetzt ausschließlich
auf's Geldverdienen aus, denn die eigentliche Saison,
während der es wirklich was zu verdienen gibt, ist nur
2 Monate kurz. Ab September ist es wieder sehr ruhig und
ohne Schwierigkeiten findet man Unterkunft. Die Inseln
gehören zu dieser Jahreszeit wieder fast ausschließlich
den Einheimischen, und Touristen werden jetzt eher zu
willkommenen Gesprächspartnern der Inselleute als während der hektischen Hochsaison.
Wie Einheimische aus Favignana versicherten, war in den
vergangenen beiden Jahren das Meer noch im November badewarm - für Touristengeschmack, wie sie betonten!

Klima - Reisezeit - Badezeit

In allen Standard-Reiseführern steht zu lesen, daß das
Klima zwischen April und Oktober "angenehm" ist. Auch
die vom EPT herausgegebenen Prospekte loben oft das angenehme Klima. Um ein für allemal mit dieser Schönmacherei aufzuräumen:
Das Klima ist angenehm ab Anfang April bis Mitte/Ende
Oktober, oft noch darüber hinaus. *Absolut tierisch kann's
aber in den Monaten Juli und August werden, schwül-warme
Winde wie z.B. der Scirocco können einem die Badefreuden
ganz schön vermiesen; der Drang zu irgendwelchen
Unternehmungen sinkt bei dieser Hitze auf den absoluten
Nullpunkt.*

Günstigste Reisezeit sind Frühjahr und Herbst; Baden ist
möglich ab Anfang Mai bis Mitte September. Während für
'Nordlichter' das Meer auch Ende September und später noch
angenehm badewarm ist, baden Einheimische und italienische Touristen allerhöchstens bis Mitte September,
danach sind ihnen Wasser und Luft "zu kalt".

Preise

Italien ist schon lange kein billiges Reiseland mehr.
Preisgünstiges Obst und Gemüse, Schuhe und Kleidung -
das war wohl mal; im großen und ganzen sind die Preise
in etwa mit den unsrigen vergleichbar.
Essen in Restaurants und Trattorien ist um einiges teurer als bei uns, vor allem ist Fisch - obwohl reichlich
vorhanden - sehr teuer.

Leitungswasser

Das ganz spärlich vorhandene Wasser reicht nicht aus, um den Bedarf der Inseln zu decken. Ein- bis mehrmals täglich kommt das Tankschiff von Sizilien und bringt Wasser auf alle Inseln. Das Leitungswasser ist nicht salzhaltig, kann also unbedenklich genossen werden - nur sollte man damit vielleicht etwas sparsamer als zuhause umgehen.

Kommentare

Ein Einheimischer, ca. 55 Jahre alt:
"Ich bin auf Favignana geboren, aber auf Levanzo oder gar Marettimo war ich noch nie im Leben."

Ein junges Mädchen:
"DaDaDa - AhaAhaAha, kannst du mir mal übersetzen, was die von Trio da singen?"

Ein ca. 30-jähriger Einheimischer:
"Viele von uns haben nur während der Thunfischsaison Arbeit."

Zwei Touristinnen:
"Hier kannst du nicht in Ruhe am Strand liegen, alle halbe Stunden kommen ein paar dieser Scheiß-Chauvis und wollen dich abschleppen."

Ein Einheimischer:
"Diese Touristinnen sind doch selber schuld, wenn sie angemacht werden, liegen da am Strand und lassen gleich die Oberteile fallen."

Ein Rucksackfreak:
"Ich bin jetzt schon zum drittenmal da und entdecke immer wieder was neues."

Ein Sizilianer:
"Favignana? Igitt, das ist doch tiefste Provinz!"

FAVIGNANA

Sie ist die südlichste und am dichtesten besiedelte Insel des Archipels, gleichzeitig die Hauptinsel der Egaden. Der Ort Favignana ist die einzige größere Ansiedlung auf den Inseln.

Favignana - die Stadt

Es ist eine überschaubare Kleinstadt mit Fischerhafen, Aliscafo- und Dampferanlegestelle, Thunfischfabriken (nur saisonweise in Betrieb), Bars, ein paar Restaurants und Trattorien, zwei Banken, einigen Tante-Emma-Lädchen, sowie etlichen größeren Lebensmittelgeschäften, einer Reiseagentur, Post, einem Hotel und einem riesigen, schwerbewachten Gefängniskomplex.
Eine Agentur der Reedereien Siremar und Grandi Traghetti findet man auf der Piazza Europa (200 m vom Hafen entfernt). Dort gibt es auch eine Reiseagentur; man erhält hier unter anderem Auskunft über Busverbindungen auf Sizilien. Die Agentur der Reederei Conamar ist direkt an der Aliscafo-Anlegestelle (kleine Bretterbude).

Favignana - die Insel

Favignana ist langgestreckt und flach und wird von einer schmalen Bergkette buchstäblich zweigeteilt.
Höchster Berg ist mit etwas über 300 m der Monte Santa Caterina mit der gleichnamigen Festung (militärische Sperrzone). Favignanas flache Ausläufer sind der Westteil Il Bosco und der Ostteil La Piana.
Die Insel besteht im wesentlichen aus Klippenküste, hat auf 32 km Küstenlinie viele größere und kleinere Sand- und Felsenbuchten (siehe 'Inselrundfahrt') und 12 km (!!!) asphaltierte Straßen. Die Vegetation besteht aus niedriger Macchia, Opuntien, Kapernsträuchern und ähnlichem.

Inselalltag, Inseltypen

Favignana ist - ausgenommen während der Hochsaison - eine ruhige, urgemütliche Insel. Der Ort Favignana ist überschaubar, es tut sich außer dem jährlichen Thunfischfang nichts nennenswertes, man trifft immer auf die selben Leute.

Kommunikationszentrum ist neben dem Hafen die Piazza Madrice; fast den ganzen Tag sitzen dort die alten Männer unter den Platanen beim Spiel oder dösen im Schatten der Bäume vor sich hin. Die jüngeren Männer hängen mal an dieser, mal an jener Ecke der Piazza umher und haben offensichtlich alle Zeit der Welt.
An den Abenden, besonders an Wochenenden, herrscht buntes Treiben auf dem Dorfplatz, man flaniert, sieht, wird gesehen, und Schlag 22.00 Uhr sind die jungen Mädchen und Frauen in den Häusern verschwunden, nur die jungen Männer fahren fortwährend auf Mofas, Vespas und Fahrrädern 'Streife' oder sitzen in den zahllosen kleinen Bars, während es sich die älteren Leute zuhause vorm Fernseher gemütlich gemacht haben.
Treffpunkt für jüngere Leute vorwiegend männlichen Geschlechts ist das Café neben der Kirche, von dort aus läßt sich bequem die ganze Piazza überblicken; kein weibliches Wesen entgeht den Adleraugen der jungen Männer. Für alleinreisende Touristinnen sind die Inseljünglinge manchmal schon ein arges Kreuz, die Anmache, das Gockelverhalten und das dümmliche Gelaber können einem ganz schön auf den Geist gehen.

Radfahren, Wandern

Favignana ist größtenteils topfeben und eignet sich deshalb ausgezeichnet zum Radfahren und Wandern. (Vorsicht, nicht gerade während der schlimmsten Mittagshitze!)
Die Entfernungen sind überschaubar, die Küste nie zu weit, sodaß man immer wieder die Möglichkeit zu einem kurzen 'Tauchgang' hat, wenn's mal zu heiß wird.
Anstrengender und schweißtreibender wird's eigentlich nur auf den holprigen Feldwegen und Pfaden, aber gerade die abgelegenen Wege sind am schönsten zu befahren und es gibt viel zu entdecken.
Auch Wanderungen können äußerst reizvoll sein, besonders am späten Nachmittag, wenn die Hitze schon nachgelassen hat und sich die Lichtverhältnisse besser zum Fotografieren eignen. Abends ist die Fernsicht erheblich besser, während morgens oft noch alles im Dunst liegt.

Insel-Fahrradtouren

Von Favignana nach **Westen**, zum Leuchtturm

Die Stadt in südlicher Richtung verlassend, nimmt man die Asphaltstraße, die an der Südseite des Bergzugs zur anderen Seite führt. Die Straße ist gut befahrbar mit nur leichter Steigung an der den Bergzug umrundenden Strecke. Bald ist man auf ihrem höchsten Punkt angelangt und hat nun Aussicht auf den Inselteil Il Bosco. Linker Hand sieht man im Meer, der Hauptinsel etwas vorgelagert, ein kleines Felseneiland mit zwei Buchten: die Isola Preveto.

 Ein Boot mieten und ganz gemächlich mal hintuckern - traumhaft!

Die Straße durchschneidet den Inselteil etwa in der Mitte, Legsteinmauern, kleine Gehöfte, grasende Kühe, Opuntien und Agaven, sowie einige Sträucher und Bäume begleiten uns rechts und links der Straße.
In der Ferne sieht man den **Leuchtturm**, unser erstes Ziel. Die Straße führt nun leicht bergab, und bevor man zum Leuchtturm gelangt, zweigt rechts (bei einem kleinen Fischerhaus) ein schmaler Weg ab, der in eine Kieselbucht führt. Bademöglichkeit (mit Badeschuhen).
Der vergammelt wirkende Leuchtturm ist verlassen und bietet nichts Aufregendes. In der Nähe ist eine alte Bootsanlegestelle, das Wasser dort ist tief und klar.

Gute Bademöglichkeit und Sonnen auf den betonierten Klippen.

Vom Leuchtturm wieder zurück, über die **Cala Rotonda**

Wir fahren die asphaltierte Straße zurück und nach ca. 250 m zweigt rechts (nach einer Feriensiedlung) ein Weg ab, führt durch einen üppigen, herrlich duftenden und schattigen Pinienhain an der Hotelanlage L'Approdo di Ulisse (Landung des Odysseus) vorbei.
Nach dieser Hotelanlage nimmt man die erste Abzweigung auf der rechten Seite, ein sehr steiniger Weg führt etwas bergab in die **Cala Rotonda**, eine weitausladende, halbkreisförmige Klippen- und Kieselbucht mit Felszacken

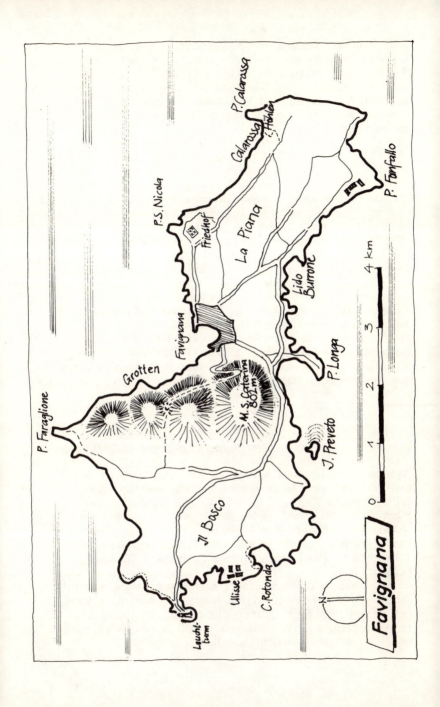

und -brücken, Höhlen und Klippenbogen. Dies ist eine
landschaftlich äußerst reizvolle Bucht, die aber nicht
die rechten Badefreuden aufkommen läßt, da Zivilisationsmüll und Tang den Kieselstrand recht unappetitlich
machen. Sehr lästig sind hier auch die vielen Teerbrok-
ken und Seeigelgehäuse - man sollte daher lieber in
Badeschuhen gehen.

Ganz vor bis zur Spitze dieser Bucht, dem
Ponte Cala Rotonda (er liegt auf der rechten
Seite der Bucht) gehen. Dort ist eine ganz
winzige Bootsanlegestelle, man kann einigermaßen bequem sitzen und sich sonnen, was auf
den spitzen Klippen sonst nicht ohne weite-
res möglich ist.
An dieser Anlegestelle gibt's auch phantastische Bademöglichkeiten, das Wasser ist
glasklar und tief, man braucht hier also
keine Badeschuhe.

Die Szenerie drumherum ist eigenartig und wild: Die
Klippen türmen sich wie eine Mondlandschaft, dazwischen
gibt's aber viele kleine Naturbadewannen.
Rechts vom Ponte Cala Rotonda sieht man die weißen
Bungalows der Hotelanlage Ulisse, weiter hinten den
alten Leuchtturm und weit über dem Meer liegt im Dunst
die Nachbarinsel Marettimo.

Von der Cala Rotonda zum **Ponte Longa** und **Lido Burrone**

Aus der Cala Rotonda kommend, hält man sich an der
ersten Abzweigung nach rechts, wo ein teils sandiger,
teils steiniger Weg an einem einzelnen Gehöft vorbei-
führt und schließlich wieder in die schon bekannte Asphaltstraße mündet. Man fährt um den Bergzug herum und
wieder zurück auf die andere Inselseite (La Piana), passiert rechter Hand einen kleinen Sandstrand (Bademöglichkeit, aber sehr viel Tang) und kommt schließlich auf
eine schmale Straße. Sie führt zum **Ponte Longa**, einer
sehr flachen Landzunge, deren Küste aus niedrigen, ganz
gut begehbaren Kalksandsteinklippen besteht (interessante Ablagerungen). Hier kann man sehr schön baden, sonnen
und schnorcheln (Vorsicht: Quallen!).

Favignana: Der Fischerhafen von Ponte Longa

Auf dieser Halbinsel liegt ein romantischer Fischerhafen, verschlafen, verträumt, mit ein paar kleinen, buntgestrichenen Booten und ein paar ebenso bunten Häusern drumherum.

In der Nähe gibt es ganz zauberhafte kleine Strandbuchten zwischen den Klippen, gerade einen Meter breit, aber blitzsauber und mit weißem, tanglosem Sandstrand.

Vom Ponte Longa aus halten wir uns rechts und kommen zurück auf die asphaltierte Straße. Da kaum Autos fahren, kann man ganz herrlich entspannt durch die Gegend radeln und die Landschaft ausgiebig genießen.

An der nächsten Kreuzung hält man sich wieder rechts, die Straße führt jetzt direkt an der Küste entlang. Hier findet man viele kleine, aber teilweise mit hohen Tangbergen bedeckte Strandbuchten zwischen niedrigen Klippen. Auf den Felsen kann man gut picknicken, sich in den kleinen Buchten zwischendurch abkühlen und einfach im Badeanzug weiterradeln.

Im weiteren Verlauf der Straße ist links eine kleine Bar, eigentlich mehr eine Bretterbude. Dort gibts Limonade, Bier oder Eis zu kaufen und - falls gerade vorhanden - ein Windsurfbrett zu mieten.

Nach ungefähr einem weiteren Kilometer trifft man auf den Traumstrand von Favignana: **Lido Burrone.** Dies ist eine halbmondförmige Bucht mit fast reinweißem Strand und tiefblau leuchtendem Wasser - so schön postkartenkitschig. Allerdings ist auch hier das Wasser nicht immer ganz frei von Algen. Sehr störend wirken auch die Ruinen der alten Badekabinen und Toilettenanlagen, deren Fenster und Türen zugemauert sind und dadurch einen unerfreulichen Anblick bieten. Die Harmonie der schönen Bucht wird durch diese Anlagen empfindlich gestört.

Während der Vor- und Nachsaison ist der Lido Burrone nahezu verwaist. Ende September sind, obwohl das Wasser noch angenehm badewarm ist, keine italienischen Touristen, geschweige denn Einheimische am Strand zu finden.

Vom Strand aus rechts haltend, passiert man dann einige hübsche Ferienhäuser, kommt an einem großen Klippentor vorbei, und nach und nach wird die Landschaft öder und unbedeutender. Bis zum Touristendorf Punta Fanfalo Village (eine Anlage, die von Ferne wesentlich interessanter als aus der Nähe wirkt) gibt es jetzt nichts Interessantes mehr zu entdecken.

Eine weitere Radtour durch den Inselteil **Il Bosco**:

Wie vorher beschrieben aus der Stadt und um die Südseite des Bergzuges herumfahren, nach dem Berg immer rechts halten. Bei der nächsten Kreuzung (an einem einzelnen Gehöft) die rechte Abzweigung nehmen. Der Asphalt hört bald auf, die Straße, bis hierher ganz gut zu befahren, wird zum steinigen, buckligen Weg, der immer unterhalb der Bergkette entlangführt. Links, ganz im Hintergrund, sehen wir den uns schon bekannten Leuchtturm.

Der Weg wird bald noch schlechter, steiniger, wird zum mühseligen Pfad und führt nun an der Nordseite um den genannten Bergzug herum.
Die zackige Felsnase des **Ponte Faraglione** liegt vor uns, dahinter, in fast greifbarer Nähe, die Nachbarinsel Levanzo. Die Landschaft erinnert irgendwie an alte Winnetou-Filme, karge schroffe Felsen, sehr wenig Bewuchs, weiter oben ein paar Höhlen, sehr helles Gestein.
Beim Ponte Faraglione erwartet uns ein kleiner, feinkieseliger, aber leider auch mit Zivilisationsmüll verschmutzter Strand. Die Stelle ist einsam, erholsam, der Strand sieht aus wie eine Miniatur-Hafeneinfahrt. Rechts und links im Halbrund von zackigen Felsenriffen eingerahmt, liegt der Strand wie eine Hafeneinfahrt direkt in der Mitte.

Zum Baden sehr schön, aber nur mit Badeschuhen. Rechts vom Strand führt ein Trampelpfad noch ein Stück weiter bis dorthin, wo sich der Bergzug steil aus dem Meer erhebt, die Steilküste erlaubt jetzt kein Weiterkommen mehr. Dies ist die Seite mit den 4 Grotten, zu denen man mit dem Boot gelangen kann.

Rundfahrt auf der Inselseite **La Piana**:

Die Stadt in östlicher Richtung verlassend, nimmt man die erste Abzweigung nach links in Richtung **Friedhof**. Hier gibt es viele Gärtchen mit üppigem Grün, Kapernsträucher, Kakteen, Bambus. In dieser Gegend ist Favignana zerlöchert wie Schweizer Käse, überall wurde Sandstein abgebaut. (Die Blöcke werden zum Hausbau verwendet.) Man kommt nun am Friedhof vorbei (interessante Monumentalgräber), links unten liegt eine kleine Sandbucht, und der sandige Weg führt direkt an der Klippenküste entlang, hie und da stehen ein paar Ferienhäuser rechts und links des Weges.

Favignanas Bergmassiv liegt nun hinter uns und links, weit über dem Wasser, liegt Sizilien. Bei klarem Wetter reicht der Blick vom Monte Erice bis Marsala.

Bald kommt man zu einer wunderschönen, von sehr hohen Felsbrocken umrahmten Bucht, das Wasser ist glasklar und sehr tief; mit etwas Vorsicht kann man über die Steinblöcke nach unten zum Meer gelangen, das hier herrliche Schnorchelmöglichkeiten bietet.

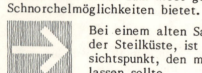

Bei einem alten Sandsteinbruch, direkt an der Steilküste, ist ein sehr schöner Aussichtspunkt, den man sich nicht entgehen lassen sollte.

Unser Weg macht nun einen Knick ins Inselinnere, führt etwas bergan und mündet in eine schmale Asphaltstraße, an der man sich nach links hält. Nun kommt man über eine knochentrockene, staubdürre Ebene ohne Grün, ohne Sträucher, Bäume und Kakteen. Rechts und links des Weges liegen große Sandsteinbrüche.

An der nächsten Kreuzung hält man sich links, die Straße wird zum Sandweg, auf dem man immer geradeaus fährt bis zu einem einsamen Haus, das auf der rechten Wegseite steht. Einige Meter weiter hält man sich nach links, es geht etwas bergab, schließlich kommt man zu einem Plateau und blickt fasziniert auf eine Traumbucht: Tief unten liegt die **Cala Rossa**, eine phantastische Felsen- und Klippenbucht wie aus einem Bilderbuch mit türkisfarbenem, glasklarem Wasser. Der Weg in die Bucht ist etwas mühsam (Fahrräder am besten oben lassen!), aber die Kletterei ist durchaus lohnend, denn die Cala Rossa bietet tolle Bade- und Sonnenmöglichkeiten (Baden allerdings nur mit Badeschuhen, die Felsen sind sehr scharfkantig) und ist obendrein ideales Schnorchelrevier.

Rund um die Bucht wurde früher Sandstein abgetragen, es gibt riesige, weitverzweigte Höhlen, die man unbedingt besichtigen sollte (Taschenlampe nicht vergessen!).

Noch ein Tip: Wer Favignana mal von oben sehen möchte, kann folgenden Weg nehmen: An der Thunfischfabrik vorbei, geradeaus den Weg auf den Berg hinauf, in Richtung der Festung Santa Caterina. Man gelangt auf eine sehr breite, asphaltierte Straße, die nach zwei Kehren abrupt wieder endet. Ein Trampelpfad führt weiter nach oben, die Vegetation wird üppiger, grüner und dichter. Dieser Pfad führt in einen Sattel zwischen zwei Gipfeln, von welchem man einen phantastischen Rundblick über die beiden Inselhälften und auf den Ort Favignana hat.

Thunfischfang

Ab April bereiten sich die Männer der Insel auf die
Mattanza del Tonno, den Thunfischfang vor, ein all-
jährliches Spektakel, das ca. 80 Männern für einige Zeit
feste Arbeit verschafft. Deren Arbeitsvertrag läuft über
100 Tage, die eigentliche Fangzeit dauert 28 Tage.
Startsignal ist die Laichzeit der Thunfische, die nun
die warmen Wasserschichten unter der Oberfläche aufsuchen und durch bestimmte Zonen ziehen. In diesen Zonen
verankern die Fischer 7 km lange Netze, deren Ende die
Todeskammer bildet. Hat sich eine größere Menge von
Fischen in den Netzen gesammelt, fährt die ganze Flot-
tille der Fischerboote los, das Abschlachten der Thunfische kann beginnen. Die Todeskammer wird mehr und mehr
verkleinert, sodaß die Fische gezwungen sind, dicht
unter der Wasseroberfläche zu schwimmen. So werden sie
zur leichten Beute der Fischer, die sie mit Hilfe von
langen, mit eisernen Haken bewehrten Stangen in die
Boote ziehen.
Man darf sich von den romantischen Texten über den
Thunfischfang, von dem in manchen Prospekten zu lesen
ist, nicht täuschen lassen, dies ist eine harte, sehr
anstrengende und äußerst blutige Angelegenheit, die den
Fischern sehr viel Kraft und Konzentration abverlangt;
ein solcher Thunfisch kann immerhin 500 kg wiegen und
über 3 Meter lang sein. Daß die Mattanza inzwischen zur
Touristenattraktion ausgeartet ist, ändert nichts an der
Tatsache, daß dies nach wie vor eine Angelegenheit für
starke Nerven ist.
Ungefähr 30% der Ausbeute werden direkt in den Fabriken
von Favignana verarbeitet; die Ausbeute 1982 betrug 746
Thunfische.

Fahrradverleih

In Favignana-Ort, auf der Piazza Madrice, direkt bei der Kirche. Kosten: Pro Tag/Person für einen Tag DM 5.40, ab zwei Tagen DM 4.50 pro Tag.

 Vorsicht, unter den Rädern gibt's ziemliche Krücken, vorher auf der Piazza eine kleine Runde drehen und sämtliche Funktionen prüfen!

In der Via Duca D'Aosta, in Richtung Thunfischfabriken gibt es noch einen weiteren Fahrradverleih.

Grottenfahrten

Es gibt 4 Grotten, drei davon sind mit dem Boot befahrbar, eine kann nur schwimmend erreicht werden. Durchaus lohnend! Preis: Bei 4 Personen ca. DM 36.-, Dauer 3 - 4 Stunden.
Grottenfahrten entweder über das Pro Loco organisieren lassen (das dann allerdings die Fahrten wiederum nur bestimmten Leuten zuschanzt), oder, besser noch, unten am Hafen bei den Fischern nachfragen. Vorsicht vor den routinierten Grottenführern, lieber einen Führer nehmen, der etwas bescheidener auftritt.
Badesachen, Schnorchel, Maske und Flossen mitnehmen - und Fressalien nicht vergessen!

Hotels

In Favignana-Ort:

- *Albergo Egadi, Via C. Colombo, Tel. (0923) 921232*
  Ein einfaches, aber sehr sauberes Albergo mit großen, gutausgestatteten Badezimmern, DZ DM 38.-

Außerhalb:

- *Hotelanlage L'Approdo di Ulisse, Tel. (921287) 921380*
  200 Betten-Anlage mit Clubatmosphäre, 6 km außerhalb des Ortes, sehr einsam gelegen. Geschmackvolle Anlage mit allem Komfort, Sport, Windsurfen, Animateure, Tauchen, Schnorcheln etc. Wer Clubatmosphäre bevorzugt, dem sei diese Anlage empfohlen. Die Anlage verfügt außerdem über einen eigenen Sandstrand. DZ DM 56.-

- *Hotelanlage Punta Fanfalo Village, Tel. (921332) 921777; Telex 720612.*
  779 Betten-Anlage, recht gigantisch, mit Bungalows, Hotel, allem Komfort - aber der typischen Touristen-Ghetto-Atmosphäre. Die Anlage wirkt nicht sehr gepflegt, sieht schon etwas angegammelt aus; in der Hochsaison sehr laut. DZ DM 54.-

Restaurants, Trattorien

'Number one' auf Favignana ist das dem Albergo Egadi angegliederte Restaurant. Vor allem die Einheimischen essen dort sehr gerne, was meist ein Signal für ausgezeichnete Küche ist. Hotel sowie Restaurant werden von zwei hervorragend kochenden Schwestern geführt; die Guccione-Schwestern haben mit ihren Kochkünsten bereits eine Goldmedaille gewonnen. Das Essen ist nicht ganz billig, pro Person sind mit DM 35.- bis DM 40.- zu rechnen für 3 bis 4 Gänge einschließlich Wein und Mineralwasser.

Im Ort gibt es noch ein paar Trattorien und Pizzerien rund um die Piazza Madrice und in den Seitengassen. Das Essen dort ist nur unwesentlich billiger als im Egadi, hat aber längst nicht dessen Qualität. Wer nur über ein schmales Portemonnaie verfügt, kann in einer Pizzeria essen, die Pizzen dort sind aber nicht gerade umwerfend.

Manche Trattorien bieten die Möglichkeit, z.B. nur eine Portion Spaghetti zu essen, in vielen Restaurants und Trattorien muß man aber das ganze Menü nehmen.

Tauchen, Schnorcheln

Gäste der L'Approdo di Ulisse können kostenlos Kurse in Tauchen und Schnorcheln belegen. Ausrüstungen stehen zur Verfügung.
Geübte Unterwasserjäger mieten im Hafen von Favignana Boote und lassen sich zur Steilküste bringen, die besonders interessante Unterwasser-Reviere hat.
Für Schnorchler sind die Felsenküsten der Cala Rotonda/ Calarossa sehr interessant.

Favignana - Ponte Longa

Direkt oberhalb des Fischerhafens von Favignana ist ein kleines Geschäft (Ricarica Bombole), das Preßluftflaschen ausleiht/ füllt.

Ansonsten: Mal den Fischern beim Netzeflicken über die Schulter schauen, mal in den Bars einen Wein schlürfen, mal zum Aliscafi-Anlegeplatz gehen, wenn ein Schiff anlegt, mal zum Fischmarkt gehen (jeden Morgen in der Nähe der Piazza Europa), mal dem Steinmetz an der Piazza Europa einen Besuch abstatten, mal nachts nach Levanzo rübergucken und die Lichtpünktchen zählen ...

Campingplätze

- Camping Egad, Miramare und Quattro Rose.
Alle Campingplätze sind nicht weit von Favignana-Ort entfernt und bequem zu Fuß zu erreichen, auch zum Meer ist es nicht weit.
Vom Campingplatz Quattro Rose z.B. ist es ein Katzensprung zum Lido Burrone.
Meines Erachtens ist der Miramare der angenehmste Campingplatz, zwar einfach, aber doch mit relativ viel Grün drumherum, und landschaftlich vielleicht am schönsten gelegen und nicht weit vom Ort entfernt.
Quattro Rose ist nicht sehr empfehlenswert, er ist relativ teuer und wahnsinnig laut; bis 4.00 Uhr früh gibt's Musik aus der Campingplatz-Diskothek.

LEVANZO

6 km²; 226 Einwohner

Levanzo, ebenso mit Geröll-, Klippen- und Steilküste ausgestattet wie Favignana, hat außer viel Inselerlebnis nichts zu bieten. Dies ist d a s Eiland für zivilisationsmüde Leute, die viel Beschaulichkeit, viel Ursprünglichkeit und noch mehr Ruhe mögen.

Der gleichnamige und einzige Ort auf Levanzo ist ein herrlich verschlafenes Kaff mit engen, überaus malerischen Gassen zwischen den meist einstöckigen Häusern. Es gibt einen oder auch zwei unbedeutende Krämerläden und zwei schattige Cafeterrassen; beide liegen etwas erhöht über dem Meer und sind eine tolle Basis zum einfach-nur-so-dasitzen-und-auf-das-Meer-starren. Viel mehr mag man hier eigentlich auch garnicht tun, denn Levanzo strahlt sehr viel heitere und ansteckende Ruhe aus.
Die beiden Cafeterrassen sind Treffpunkt für Rucksackfreaks, hier tauscht man Reiseerfahrungen und Tips und kommt außerdem auch rasch mit den Einheimischen ins Gespräch.

Erstaunlicherweise ist Levanzo unter deutschen Rucksackfreaks schon relativ bekannt, während Favignana und Marettimo kein Thema zu sein scheinen. Der Ort hat einen Fischerhafen - die Insulaner leben hauptsächlich vom Fischfang - und eine betonierte Klippe als Anlegestelle für Aliscafi und Motorschiffe, an die die Schiffe sehr mühevoll hinmanövriert werden müssen.

Inseltouren

Von Levanzo zur **Grotte der Genovesen**

Von der Anlegestelle kommend, hält man sich links, passiert ein paar enge Gassen und hat den Ort auch schon innerhalb von 5 Minuten hinter sich gelassen. Der Weg führt leicht bergan und macht dann eine Rechtskurve um das felsenkahle Vorgebirge, das hier einen unwahrscheinlich steilen Buckel macht.

Vor der Wegbiegung unbedingt haltmachen und hinabschauen auf den Ort: Eine Naturbucht, ein paar Fischerbarken auf dem Kieselstrand und eine Handvoll pittoresker Häuser, die sich eng verschachtelt bergan drücken, umrahmt von schroffen Felshängen. Klare Farben, mediterranes Licht - Insel total.

Fast schnurgerade führt die schmale Straße weiter, gesäumt von hohen Agaven, deren Blütenstengel das beeindruckende Ausmaß kleiner Baumstämme erreichen.
Links über dem Meer erhebt sich Favignanas Bergkette, direkt vor uns liegt - im Dunst nur schemenhaft erkennbar - Marettimo und rechts bildet die ockerfarbene Felswand ein unüberbrückbares Hindernis. Einige hundert Meter hinter dem Dorf hört der Straßenasphalt auf, der Weg wird nun steinig.
Der nächste interessante und äußerst fotogene Blickpunkt taucht bald auf, **Il Faraglioni**, eine Levanzo vorgelagerte Felseninsel von eigentümlichem Aussehen. Ungefähr gegenüber dieser Insel liegt ein kleiner, sauberer Kieselstrand, zu dem man mühelos hinabsteigen kann. Das Meer ist klar und sauber, wegen der Kiesel sollte man jedoch besser in Badeschuhen ins Wasser gehen.

Levanzo: Il Faraglioni

Unbedingt mal zur Felseninsel hinüberschwimmen, es ist nicht weit, außerdem sind die Klippen ein interessantes Revier für Unterwasserfans.

Oberhalb der Kieselbucht wendet sich unser Weg nun in einer Kehre nach rechts, bleibt weiterhin breit bis zu einer scheußlichen Schrotthalde (der Abfall wird hier kurzerhand über die Steilküste in Richtung Meer gekippt), wird dann immer schmaler und führt schließlich als Trampelpfad in steilen Kehren bergan, links fällt die Küste nun fast senkrecht ins Meer ab.

Nach der letzten Wegkehre kommt eine mit Pinien bewachsene Talsenke ins Blickfeld. Man quert sie an ihrem oberen Rand und gelangt schließlich nach einem längeren Abstieg zur **Grotte der Genovesen**, die etwas erhöht über dem Meer liegt (herrliche Wandmalereien aus der frühen Steinzeit, sehr sehenswert). Die Grotte ist verschlossen, und in den Sommermonaten werden regelrechte Boots- und Eseltouren dorthin durchgeführt.

Man kann's auch auf eigene Faust versuchen - den Schlüssel zur Grotte hat Guiseppe Castiglioni aus Levanzo (Tel. 921704) in Verwahrung.

Von Levanzo zur **Cala Fredda** und **Cala Mindela**

Vom Anleger aus hält man sich rechts, nach ca. 200 m passiert man das Elektrizitätswerk, das interessant, da sagenhaft vorsintflutlich und außerdem höllisch laut ist und hat den Ort auch schon hinter sich.

Der Weg macht eine scharfe Linkskurve und führt unterhalb des **Friedhofs** vorbei, der an einem sonnendurchglühten Steilhang liegt. Die Küste macht hier einen sehr großen, halbkreisförmigen Bogen, die Bucht **(Cala Fredda)** ist aber ziemlich kahl und total langweilig. Mit etwas Geschick kann man über die halsbrecherischen Klippen ins Meer zum Baden gelangen, das Wasser dort ist tief und sauber, das Umfeld allerdings wenig ansprechend.

Am Ende der Cala Fredda, wo der Hauptweg eine Biegung nach links macht und bergan führt, nimmt man die kleinere, geradeaus führende Abzweigung. Ein schmaler Pfad schlängelt sich zuerst durch niedriges Gebüsch, wenig

später durch einen wohlriechenden Pinienhain, in dem
riesige Spinnen ihre nicht weniger umfangreichen Netze
zwischen die Bäume gespannt haben. Die Stille dort ist
vollkommen, nur ab und zu huscht eine Eidechse über den
Pfad. Der Platz ist ideal für eine Rast und der Schatten
der Bäume äußerst angenehm.
Nach einigen hundert Metern gelangt man dann zur **Cala
Mindela**, einer reizvollen Klippenbucht, in deren Mitte
ein ausgebauter Bootsanleger ins Meer führt. Das kristallklare, tiefe Wasser lädt zum Baden ein, auch
Schnorchler kommen an der Felsenküste voll auf ihre
Kosten, und an der betonierten Rampe kann man sich recht
bequem zum Sonnenbaden niederlassen. Wer hier Schatten
sucht, findet ihn oberhalb der Anlegestelle unter den
Pinien.

Quer über die Insel zum **Capo Grosso**

Wer noch mehr sightseeing machen möchte und auch einen
recht anstrengenden Fußmarsch nicht scheut, kann diesen
Weg machen: Im Ort zweigt eine nicht zu übersehende
Straße nach rechts, führt wahnsinnig steil bergauf; nach
dem Anstieg steht man auf einem übersichtlichen Hochplateau und hat linker Hand den Pico del Monaco vor
sich, der mit 278 m Levanzos höchste Erhebung ist.
Der Weg über die Hochebene führt weiter bis zum Leuchtturm am **Capo Grosso** auf der gegenüberliegenden Inselseite. Für diese Tour sollte man jedoch sehr gut gerüstet sein (Wasser, Fressalien, Sonnenschutz etc.)

Auszug aus dem Reisetagebuch:

Mittagshitze - helles, hartes Licht liegt über dem
Bilderbuchdorf, das wie ausgestorben scheint, nichts
rührt sich in den Gässchen.
Im Schatten sitzen, eine Stunde oder auch zwei und
warten auf nichts. Die Uhren haben wir schon längst
abgelegt, was bedeutet schon Zeit auf dieser Insel?
Wir sind dem Inselschlendrian total verfallen ...

Campingplätze

Nicht vorhanden, doch gegen Schlafsackvictors wird, sofern kein Anlaß dazu besteht, nicht vorgegangen. Bevor man sich irgendwo mit einem auch noch so kleinen Zelt häuslich niederläßt, sollte besser vorher um Genehmigung nachgefragt werden.

 Wer gerne unter freiem Himmel und bei Meeresrauschen einschläft, sollte sich in der kleinen Kieselbucht gegenüber der Felseninsel **Il Faraglioni** niederlassen. Noch schöner ist allerdings die **Cala Mindela**, aber ziemlich weit vom Ort entfernt.

Hotels, Unterkünfte

Einziges 'Hotel' ist die Pension Paradiso, III. Kategorie, Tel. 921580.
Sehr schöne Hanglage mit herrlichem Ausblick, aber recht einfach. DZ DM 25.-

Privatunterkünfte sind in größerer Zahl vorhanden, Vermittlung über Pro Loco/Favignana, bzw. in Levanzo bei den Einheimischen rumfragen. Hier kennt jeder jeden und weiß, wer Zimmer vermietet.

Leitungswasser

Kann unbedenklich genossen werden.

Restaurants, Trattorien

Der Pension Paradiso ist ein einfaches Speiselokal angeschlossen (es nennt sich etwas übertrieben 'Restaurant').
Hier können auch Nicht-Gäste zum Essen kommen.
Man muß dort nicht das gesamte Menü nehmen, sondern kann durchaus auch nur die Vorspeise oder den Hauptgang bestellen.

MARETTIMO

12 km²; 819 Einwohner

Marettimo wirkt nicht nur auf den ersten Blick sehr schroff und abweisend. Die Küste drängt sich steil aus dem Meer, der größte Teil der Insel besteht aus unwegsamen Bergen. Höchste Erhebung ist der Monte Falcone mit 686 m, dessen Flanken von tiefen Einschnitten durchzogen sind.

Der Ort Marettimo, einzige Ansiedlung auf dieser Insel, liegt an der am besten zugänglichen Stelle. Seine Häuser drängen sich auf einer schmalen, flachen Landzunge, die sich weit ins Meer schiebt, zusammen. Schon die oberen Gassen des Ortes sind steil, hinter den letzten Häusern steigt jäh die unwegsame Felswand an.

Das Dorf ist schnell durchstreift, es gibt ein paar Krämerläden und erstaunlicherweise eine ganz moderne, gut gerüstete Apotheke. Auf dem Corso Umberto, der Hauptgasse des Ortes, ist eine Bankfiliale, zwei Straßencafes und eine Agentur der Reederei Siremar. Auf der gegenüberliegenden Ortsseite ist ein weiterer, recht pittoresker Fischerhafen mit einer langen Mole, etwas erhöht über dem Hafen (auf der linken Seite) findet man die Post.
Marettimo zu beschreiben, fällt nicht ganz leicht. Der Ort wirkt eigenwillig und ein bißchen trotzig, es fehlt die heitere Ruhe, wie sie Levanzo zu eigen ist, und der herbe Reiz des Ortes bzw. der ganzen Insel spricht nicht auf Anhieb und vor allem nicht jeden an. Dennoch ist die Insel faszinierend, ein gewisser Charme ist ihr nicht abzusprechen und gerade das scheinbar Abweisende reizt zu Entdeckungen. Marettimos herbe Schönheit ist 'Liebe auf den zweiten Blick'. Die Insulaner mögen einiges dazu beitragen, daß man die Insel schließlich doch ins Herz schließt, sie sind liebenswert, neugierig und freundlich.

Inselerkundung

Wer schroffe Gebirgszüge und kahles Gestein liebt, kommt hier voll auf seine Kosten. Man kann die Insel auf Ziegen- und Trampelpfaden umrunden, dies ist aber ziemlich beschwerlich, und man sollte dafür sehr gut gerüstet sein.
Neugierigen Inselerforschern kann (allerdings nicht gerade in Badeschlappen, der Pfad ist teilweise von Felsbrocken übersät) folgendes empfohlen werden:
Von der Anlegestelle aus über den Corso Umberto direkt durch den Ort, am gegenüberliegenden Fischerhafen nach links halten in Richtung Ortsausgang (an der Post vorbei, die gleichzeitig das letzte bewohnte Haus auf dieser Inselseite ist).
Hinter dem Ortsausgang passiert man einen verwilderten Hain, der mit den dort weidenden halbwilden Ziegen ein äußerst fotogenes Motiv abgibt. Der Weg, der mehr und mehr ein von Steinen übersäter Trampelpfad wird, führt

knapp oberhalb der Klippenküste entlang, links steigen die steinigen, wenig bewachsenen Flanken des Monte Falcone jäh nach oben. Dieser Weg führt über eine schmale, flache Landzunge zum **Ponte Troja**, einem wilden, kahlen, vom Meer umspülten Felszacken, auf dessen Gipfel eine verwegene alte Festung thront, die aussieht, als sei sie ein Teil des Felsens.

 Der Felsen kann erklommen werden. Die Schinderei lohnt sich in jedem Fall, der Ausblick von oben ist phantastisch.

Wer wirklich zu einer beschwerlichen Inselerkundung Lust hat, hält sich von der Bootsanlegestelle aus scharf links, kommt auf eine schmale Gasse, die oberhalb des Hafens entlang verläuft und in einen Weg mündet, der in nordwestlicher Richtung den Ort verläßt.
Man kann entweder den Weg an der Küste entlang nehmen oder denjenigen, der rechts in den Bergen verschwindet. Welche Seite man wählt, ist völlig egal, denn es ist so eine Art Rundwanderung (eher Rundtrampelpfad), der streckenweise oberhalb der Steilküste verläuft (man kommt an einer sehr hübsch gelegenen Halbinsel vorbei), streckenweise aber direkt durch die wilden Berge führt.

Wer Marettimo nicht nur oberflächlich kennenlernen will, sollte sich zu diesem Trip entschließen - die Szenerie ist wild, großartig und fotogen, die Einsamkeit total!

> Ansonsten: Auf der Mauer an der Mole sitzen, die Füße baumeln lassen, den Fischern zuschauen, kleine Fische im glasklaren Wasser flitzen sehen, Freundschaft mit den vielen Inselhunden schließen, sich von den Insulanern nach dem Woher und Wohin fragen lassen ...

Campingplätze

Gibt es nicht auf Marettimo. Man muß sich selbst ein geeignetes Plätzchen zum Zeltaufschlagen finden (unbedingt vorher um Genehmigung nachfragen, um unliebsame Überraschungen zu vermeiden).

Grottenfahrten

Auch Marettimo hat seine Grotten - eine schöner als die andere. Eine ca. 3 Stunden dauernde Grottenfahrt kostet runde DM 20.- pro Person und ist sehr interessant; man sieht außerdem sehr viel der steilen, zerfurchten Küste.

Badesachen, Unterwasserausrüstung nicht vergessen, das Meer ist sagenhaft fischreich, Schnorchler kommen voll auf ihre Kosten.

Unterkünfte

Es gibt auf Marettimo nur Privatzimmer sowie einige Ferienwohnungen.
Auskünfte entweder über Pro Loco/Favignana, oder einfach bei den Inselbewohnern nachfragen. Ab Ende August/Anfang September gibt es keine Quartierschwierigkeiten mehr.

Restaurants, Trattorien

Eine Trattoria liegt direkt am Corso Umberto, ca. 100 m nach der Kirche, ein Restaurant liegt oberhalb des Fischerhafens, nahe der Post. Beide Betriebe sind nur während der Sommersaison geöffnet.

Bar Hiera, Ortsmitte - eine sagenhaft urige Kneipe für Unerschrockene, eigentlich mehr ein Krämerladen mit einem Nebenraum, in dem etwas verloren nur ein einziger Tisch steht. Man kann hier einfach, preiswert, aber ganz gut essen.

Pelagische Inseln

Die Gruppe der Pelagen, bestenend aus den bewohnten Inseln **Lampedusa** und **Linosa** sowie den unbewohnten Felseninseln **Lampione** und **Isola dei Conigli**, bilden den südlichsten Archipel Italiens. Die Inseln liegen im afrikanischen Teil des Mittelmeers, 100 km östlich der tunesischen Küste, 100 km westlich von Malta und mehr als 200 km südlich von Sizilien.

Anreise im Flugzeug

Einmal täglich wird Lampedusa von Palermo aus angeflogen. Die Verbindung bestreitet die Fluggesellschaft ATI, eine Tochtergesellschaft der ALITALIA. Die Flugzeit Palermo-Lampedusa beträgt 45 Minuten, geflogen wird mit DC 9.

 Unbedingt einen Fensterplatz sichern, während des Fluges bieten sich tolle Ausblicke auf Sizilien und die Küste.

Anreise mit dem Schiff

Verbindung 5 x wöchentlich ab Porto Empedocle (Sizilien) über Linosa nach Lampedusa. Fahrtzeit bis Linosa 7 1/2 Stunden; Linosa bis Lampedusa 2 1/2 Stunden.

Rückverbindung: Lampedusa-Mazara del Vallo (Sizilien) 2 x wöchentlich, Fahrtzeit 12 Stunden, Preis DM 40.-.

Auskünfte über:
- Siremar, Via Marullo 12 und Via Molo 5, Porto Empedocle, Tel. 66683 und
- Con.Na.Mar Sud SpA (Conamar), Piazza Sant Agostino 17, Trapani.

Verbindung Lampedusa-Linosa 2 x täglich per Aliscafo, Fahrtzeit 1 Stunde, Preis (hin und zurück) DM 40.-.

Einen Platz auf dem Tagesschiff buchen. Das Ablegemanöver im Hafen von Lampedusa ist sehenswert. Während der Fahrt sieht man die gesamte Südküste Lampedusas, außerdem die Felsenklippe Lampione.
Einige der Nachtfähren sind sehr unbequem, etliche Schiffe sind frühere Frachter und eigentlich gar nicht auf Passagiere eingestellt, bzw. durch ein paar Umbauten minimal auf Passagiere umgerüstet. Kabinen sind nicht vorhanden, eine Nacht an Deck kann unter Umständen unangenehm werden.
Es gibt aber auch Fährschiffe mit Kabinen, Restaurant und Bar. (Vorher bei der Reederei nachfragen, welche Schiffe verkehren.)

Auskunftsstellen für Touristen

Die Pelagen gehören verwaltungsmäßig zur Provinz Agritent. Auskünfte über
EPT, Via Cesare Battisti 14, Agrigento, Tel. 26926.

LAMPEDUSA

20 km², 4.000 Einwohner

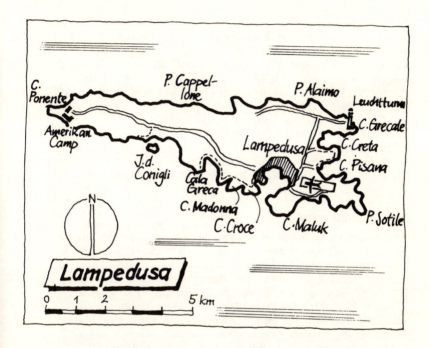

Lampedusa - die Stadt

Die Stadt Lampedusa besteht aus zwei Stadtteilen, der größere Hafen liegt im älteren Teil der Stadt und ist notdürftig für größere Schiffe ausgebaut, oberhalb dieses Hafens ist eine Siremar-Agentur und die einzige Tankstelle der Insel, die immer stark umlagert ist.
Alle wichtigen Geschäfte sind im alten Stadtteil und reihen sich an der schnurgeraden Hauptstraße: die Bank, etliche Krämerläden, Bars, ein paar Andenkengeschäfte, zwei Sportgeschäfte, die Conamar-Agentur, ein Schuhladen, ein paar Bekleidungsgeschäfte, Bäckerei, Gemüselädchen.

Das Städtchen Lampedusa ist weder besonders malerisch noch besonders romantisch und Afrika ohne Zweifel in jeder Hinsicht näher als Europa. Auch wenn man bereit ist, im tiefen Süden einiges tolerant zu übersehen, so schreit der Dreck an manchen Stellen der Stadt doch fürchterlich zum Himmel.

Auf Lampedusa sind es nicht nur die mancherorts zum Sündenbock gestempelten Touristen, die für Verschmutzung von Stränden etc. verantwortlich sind - wer beobachtet, wie sorglos hier die Einheimischen mit ihren Abfällen umgehen, wundert sich über nichts mehr. So nach dem Motto: Wofür hat man das Meer? Nichts wie rein mit all dem Plunder!

Im Stadtteil Guitgia konzentrieren sich fast alle Hotels der Insel, daneben gibt es einige sehr hübsche, private Ferienhäuser und -villen und noch sehr viel Bautätigkeit. Dieser Stadtteil hat ebenfalls einen kleinen Hafen, in dem sich die besagten Abfälle häufen.

Saison, Tourismus

Aus welchen Gründen auch immer, Lampedusa ist zur Zeit bei der norditalienischen Großstadt-Schickeria eines der absoluten 'in'-Ziele, 1982 sind immerhin 20.000 Touristen auf die Insel gekommen. Der Hauptstrom der Touristen kommt ausschließlich in den Monaten Juli und August, jeder Individualreisende sollte Lampedusa daher zu dieser Zeit meiden. Es gibt Schwierigkeiten mit der Platzreservierung in den Flugzeugen, die schon lange vorher total ausgebucht sind, die Fähren sind genagelt voll, Hotels bis auf das letzte Bett ausgebucht, das Personal stressig und unfreundlich, und die Diebe sind fleißig am Werk.

Kommentar einer Hotelbesitzerin hierzu:
"Kein Lampedusaner klaut, da kann man bedenkenlos alles offen herumliegen lassen und es ist nicht notwendig, die Hotelzimmer abzuschließen. Diebe sind nur dann am Werk, wenn die reichen Touristen über die Insel herfallen. Die werfen mit dem Geld ja nur so um sich, und das lockt natürlich so manchen Dieb an, der sich eine gute Beute verspricht. Sobald diese Leute fort sind, haben auch die Diebe wieder die Insel verlassen und es wird nicht mehr geklaut."

Die Anwesenheit dieser Edeltouristen auf Lampedusa hat
natürlich die Preise ziemlich verdorben und die Insulaner einigermaßen gleichgültig gemacht. Hier ist der Tourist nicht unbedingt ein Gast, sondern ein Fremder, und
genauso wird er auch manchmal behandelt, sofern er seinen Reichtum allzu offensichtlich herauskehrt. (Manche
der Edeltouristen haben die Angewohnheit, die Einheimischen ziemlich von oben herab zu behandeln.)
Auf der anderen Seite kann man trotz aller Abgeschieden-
heit sehr viel Großzügigkeit in Bekleidungs- und Um-
gangsformen bemerken, ein paar lässig um den Körper dra-
pierte Tücher erregen beim Stadtbummel keine sonderliche
Aufmerksamkeit. Wer jetzt ob der lockeren Bekleidungs-
sitten ein Sündenbabel erwartet, ist hier fehl am Platz,
und für irgendwelchen Rummel muß man schon selbst sorgen, indem man sich z.B. einer netten Clique anschließt.
Es gibt zwar eine Diskothek am Rande der Stadt, die aber
so bieder ist, daß man hier absolut nicht von Nightlife
reden kann.

In der Vor- und Nachsaison machen hauptsächlich Familien
mit Kindern auf Lampedusa Urlaub, sowie auch vereinzelt
einige deutsche Touristen, während unter Engländern,
Franzosen, Holländern, die sonst überall in hellen Scharen zu finden sind, die Insel als Reiseziel so gut wie
unbekannt sein dürfte.

Klima - Reisezeit - Badezeit

Ab Mitte April bis Mitte November - ausgenommen natürlich die Monate Juli und August - ist das Klima erträg-
lich, wenngleich oft schon im Juni und manchmal noch bis
weit in den September mit afrikanischen Temperaturen gerechnet werden muß. Nicht umsonst wird Lampedusa von den
Italienern als 'die Afrikanische' bezeichnet. Baden kann
bis weit in den November hinein möglich sein, jedoch muß
ab Oktober mit Herbststürmen gerechnet werden, die das
Meer ziemlich aufwühlen, in geschützten Buchten kann
aber bedenkenlos gebadet werden.

Inselalltag, Inseltypen

Die Kleinstadt Lampedusa, deren Einwohner größtenteils vom Fischfang und seiner Verwertung leben (die Insel hat eine der größten Fischereiflotten des Mittelmeeres), ist voller Leben, voll südländischer Hektik. In den Straßen wird gehandelt, gestikuliert, rumgesessen, getratscht, Kinder spielen, streunende Hunde schnüffeln umher und vor Fenstern und Balkonen flattert bunte Wäsche. Fenster und Türen der Häuser stehen sperrangelweit offen, jeder kann so richtig nach Herzenslust am Privatleben der Lampedusaner teilnehmen. Eine Horde fliegender Händler düst mit Dreiradkarren und unter viel Spektakel durch das Städtchen und verkauft Waren - Kleider, Küchengeräte, Obst, Gemüse, Ramsch und Kitsch aller Art.

Die alten und jungen Männer sitzen vor den kleinen Bars an der Hauptstraße und sind in süßes Nichtstun versunken, während sich die Frauen anscheinend ständig am Wäsche waschen befinden.
Relativ ruhig ist es während der Siestazeit, aber abends ist dann so richtig der Teufel los: eine geballte Menschenmasse schiebt sich in beide Richtungen der Hauptstraße, flaniert wird bis weit nach Mitternacht, die Bars sind proppenvoll und das Gewusel ist absolut sehenswert.

Die Inselleute, obwohl weitab vom Weltgeschehen, wirken städtischer als beispielsweise die Leute auf Favignana. Alleinreisende Touristinnen werden zwar eingehend gemustert, höchst selten aber plump angemacht; die Lampedusaner sind schon einiges gewöhnt. Im übrigen ist die Inselbevölkerung sehr zurückhaltend, aber nicht unfreundlich. Doch die spontane Herzlichkeit, die einem Fremden auf anderen Inseln entgegengebracht wird, vermißt man hier ein wenig, und es kann durchaus passieren, daß man in einem Hotel nicht als Gast, sondern als notwendiges Übel angesehen wird.

Lampedusa hat zwei Gesichter. Eines, das eigentlich nur für die Touristen interessant ist, nämlich Sonne, Strände, Unterwassersport, sich bräunen lassen, freizügig sein können, Windsurfen und das andere, das nur die Insulaner betrifft. Daß die ob ihrer Probleme nicht immer gut auf die in ihren Augen reichen Touristen zu sprechen sind, wird demjenigen klar, der nicht nur als gleichgültiger Tourist auf die Insel kommt, sondern bereit ist, sich ein wenig mit den Einheimischen und deren Probleme zu befassen. In diesem Fall wird man zum Teil erschreckende Feststellungen machen, mit denen man als Normaltourist wohl kaum in Berührung kommen dürfte. Im übrigen interessieren sich die Edeltouristen herzlich wenig für die Probleme ihrer Landsleute, die Insulaner werden gerne zu Statisten degradiert.
Tatsache ist, daß Lampedusa ab Spätherbst oft total isoliert liegt; sobald das Wetter schlecht und das Meer sehr rauh wird, treten ernsthafte Versorgungsschwierigkeiten auf, es kommt zu Engpässen bei allerlei Frischware, mit der sich die Insel nicht selbst versorgen kann. Durch die Transportkosten ist fast alles teurer

als auf Sizilien, so kostet z.B. ein Sack Zement in
Lampedusa das doppelte, auch Lebensmittel, Obst, Gemüse,
Benzin etc. sind wesentlich teurer.
Ein sehr ernstes Problem stellt auch die Stromversorgung
dar. Es gibt einen total überalterten Generator, der oft
mehr Ausfälle als Strom produziert, und die Gemeinde hat
zu wenig Geld in den Kassen, um hier Abhilfe zu schaffen.
So sitzen die Lampedusaner im Winter oft stundenlang
in totaler Finsternis, denn auch ein Notstromaggregat
ist hier reinster Luxus, der nicht existiert.
Wer krank wird, steht vor einem weiteren, schwerwiegenden
Problem. Auf Lampedusa gibt es kein Krankenhaus. Die
ganze ärztliche Versorgung beschränkt sich auf eine notdürftige
Erste-Hilfe-Station. Ernsthaft Erkrankte müssen
nach Agrigent oder Palermo gebracht werden, was während
der Wintermonate im ungünstigsten Fall auch noch mit
Transportschwierigkeiten verbunden sein kann. Was sich
demzufolge oft für Dramen auf der Insel abspielen, kann
man nur erraten.

Im übrigen zum Thema Inseltypen: Zumindest einer von
ihnen ist so interessant, daß das 'Giornale di Sicilia' in
einem kleinen Artikel über ihn berichtete.
Es handelt sich um Munniddu, der auf der Insel noch
bekannter ist als der italienische Sänger Domenico
Modugno, der an Lampedusas schönstem Strand ein Haus besitzt.
Munniddu, dessen richtiger Name Raimondo Di Malta
lautet, ist ein 70-jähriges, humorvolles Original, das
vom Fischer zum Bürgermeister aufgestiegen ist. Di Malta
hat während seiner Amtszeit die ersten Touristen nach
Lampedusa geholt und in seinem eigenen Haus untergebracht.
Das war im Jahr 1946, und man kann sich vorstellen,
wie traumhaft die Insel damals noch ausgesehen
haben mag - ein Paradies.

Fest der Madonna

Alljährlich am 21. und 22. September findet ein großes Fest zu Ehren der Schutzpatronin der Insel statt. Die in der kleinen Kirche außerhalb der Stadt (Cala Madonna, siehe 'Inselrundfahrt') aufbewahrte Statue der Madonna wird einmal im Jahr zur Kirche in der Stadtmitte gebracht. Zwei Tage lang wird dann fast ununterbrochen gefestet, was das Zeug hält: Musikumzüge, Darbietungen von Kindergruppen, Fußball, Marktstände, Tänze - der ganze Ort ist festlich geschmückt und die gesamte Inselbevölkerung auf den Beinen. Spektakel total, hautnahe Erlebnisse mit der fröhlichen Bevölkerung, sagenhaft faszinierend und für Fotofans besonders ergiebig.

INSELRUNDFAHRTEN

Badebuchten im Westen

Man fährt vom alten Stadtteil aus zuerst nach Guitgia, dort führt die Straße am Hotel Lido Azurro vorbei in westliche Richtung. Kurz hinter dem Ortsausgang hört der Straßenasphalt auf und weicht einer unglaublich schlaglöchrigen Piste. Die Löcher sind teilweise so tief, daß nach einem Gewitterregen, der auf Lampedusa durchaus das Ausmaß einer kleineren Sintflut erreichen kann, ganze Straßenteile überschwemmt sind. Die kleinen Fiat 500, die man auf Lampedusa mieten kann, laufen unter Umständen voll, wenn man durch so einen Straßenkrater fährt, manch einer mit einem besseren Auto ist auch schon steckengeblieben. (Da hilft nur eines: Augen zu und durch, eine Ausweichstraße gibt es nämlich nicht!)
Da die Gemeinde kein Geld zum Ausbau der Straßen hat, wird dieser Zustand wohl noch eine Weile anhalten, mit einer gut befahrbaren Straßendecke ist in in absehbarer Zeit wohl nicht zu rechnen.

Hat man den Ort hinter sich, zeigt sich Lampedusa in seiner ganzen Ungewöhnlichkeit. Es mag überraschend sein, daß hier Gesteinsformen und Vegetationsart sehr denen der afrikanischen Küste gleichen. Die Landschaft im Inselinneren ist von erschreckender Kahlheit, total flach (die höchste Erhebung erreicht nur 133 Meter) und von einem sehr hellen, im grellen Sonnenlicht wahnsinnig blendenden Ocker. Flimmernde Hitze wabert über dem kahlen Gestein, weit und breit kein Baum, kein Strauch. Nichtsdestotrotz ist die Südküste der absolut faszinierendste Küstenabschnitt der ganzen Insel; dieser Küstenstrich ist total zerfurcht von fjordartigen, sich tief ins Land eingrabenden Einschnitten von einzigartiger Schönheit. Jeder dieser fjordähnlichen Einschnitte ist von niedrigen, gut begehbaren Klippen eingerahmt, und am inneren Ende liegt entweder ein traumhafter Sandstrand bzw. Badeterrassen. So hat an Lampedusas Südküste selbst die Kahlheit noch einen gewissen wilden Charme, vor allem aber macht sie neugierig: Wie sieht die nächste Bucht, der nächste Strand aus?

Links der Piste kommen bald die ersten sehenswerten Traumbuchten, die vom Weg aus aber nicht einzusehen sind. Man muß das Auto deshalb stehenlassen und ein Stückweit über die Klippen gehen, um zu diesen Stränden zu gelangen.

Der erste Traumstrand, den es zu erkunden gilt, ist die **Cala Groce**, eine herrliche Bucht mit weißem, feinem Sandstrand und türkisblauem, kristallklarem Wasser. Der Strand fällt sehr flach ins Meer ab - also keine Gefahr für Kinder oder Nichtschwimmer.
Die Cala Groce ist eine Doppelbucht, zuerst kommt ein größeres Strandstück, dann wieder etwas Felsen und danach nochmals ein kleiner Strand.
Das Wasser ist so seicht, daß man zum anderen Strand hinüberwaten kann (man kann aber auch über die Felsen gehen). Es kann durchaus vorkommen, daß man dieses Strandstück ganz für sich alleine hat. Traurig ist nur, daß viele kleine Teerklümpchen angeschwemmt sind, die für entsprechend aussehende Fußsohlen sorgen. Der Teer ist aber mit Öl, z.B. Sonnenöl wieder wegzukriegen. Nagellack-Entferner ist ebenso dafür geeignet!

Die nächste Bucht ist die **Cala Madonna**. Oberhalb dieser Bucht steht in einem üppig bewachsenen Gärtchen ein blitzsauberes, kalkweißes Kirchlein, hinter dessen Fassaden der Schrein mit der Madonna, die die Schutzheilige der Insel ist, aufbewahrt wird.

Schon einige hundert Meter weiter, aber von der Piste noch ein ganzes Ende entfernt, liegt die **Cala Greca**, eine nicht minder schöne Bucht, an deren innerem Ende Badeterrassen angelegt sind, von denen man ganz bequem ins Wasser gelangt, das aber etwas von Tang verunreinigt ist.

Spätestens nach dem Anblick der dritten Bucht wird klar, daß Lampedusa d i e Insel für einen supertollen Badeaufenthalt ist. Ihre größten Stärken sind die tollen Buchten und Strände, die noch in totalem Urzustand sind, also ohne Strandliegen, Sonnenschirme, Süßwasserduschen etc. Eine weitere Stärke der Insel ist das von Fischen wimmelnde Meer, das auch erfahrene Profitaucher noch in helles Entzücken versetzt.

Vom Ort aus mal über die Klippen wandern und Bucht für Bucht abklappern. Bei der Bucht, die dem Hotel Baia Turchese vorgelagert ist, anfangen. Immer wieder haltmachen zum Schwimmen, Schnorcheln, Picknick - ein tolles Erlebnis. Bei der Küstenwanderung stößt man übrigens ab und zu noch auf alte Beobachtungsbunker aus dem letzten Krieg, ein Zeichen dafür, daß dieser auch an Lampedusa nicht spurlos vorbei gegangen ist.

Noch ein Tip: Im weiteren Verlauf der Piste liegt am rechten Straßenrand eine ganz urige Trattoria.
Hier kann man sich eine Zwischendurch-Erfrischung zu Gemüte führen.

Kurz nach dieser Kneipe, dort wo die Stromleitung den Weg quert (man verfehlt die Abzweigung sehr leicht, sie ist ziemlich unscheinbar) zweigt links eine schmale, steinige Piste ab, macht ein paar Windungen und führt dann sehr steil bergab zu einem felsigen Plateau, das ein paar Meter über dem Meer liegt. Links unterhalb dieses Plateaus sind gemauerte Badeterrassen, wo 'man' im allgemeinen nackt zu baden pflegt. Der Platz ist prima dafür geeignet, er ist nicht so leicht einzusehen.

Wendet man sich ein wenig nach rechts, bietet sich ein Ausblick, der einem glatt den Atem verschlägt: Unten liegt ein weißer, langer Traumsandstrand, d e r Topstrand der Insel schlechthin. Das glasklare Wasser hat Schattierungen von smaragdgrün über leuchtendes Türkis bis hin zu einem tiefen, dunklen Blau, die Szenerie ist einfach märchenhaft.

Dem Strand vorgelagert steigt die **Isola dei Conigli** aus dem Meer, eine von sanften Wellen umspülte Felseninsel.
Zu dieser Insel kann man bequem hinüberwaten (das Wasser ist sehr seicht) und auf Entdeckungstour gehen. Der Ausblick von der Insel zurück auf den Strand und auf die Küste von Lampedusa ist sagenhaft schön.

Hinter dem Strand steht ein einzelnes Haus, das dem bekannten italienischen Sänger Domenico Modugno gehört. Es ist gut in die Landschaft eingefügt, keineswegs protzig und deshalb auch nicht übermäßig störend.
Wesentlich unangenehmer ist das Vorhaben des Club Valtur, oberhalb der Bucht eine 300-Betten-Anlage aus dem Boden zu stampfen. Diese Pläne haben auf Lampedusa sehr viel Staub aufgewirbelt, aber die Einheimischen konnten sich bis jetzt erfolgreich gegen ein solches Projekt wehren. Die Angelegenheit ist jedoch noch immer in der Schwebe und harrt ihrer endgültigen Entscheidung. Für die Bucht käme der Bau einer solchen Ferienanlage einer mittleren Katastrophe gleich: ein voller Strand, Liegestühle in drei oder vier Reihen, Sonnenschirme, Animateure, Surfer, Segler, Taucher ... man mag sich das lieber nicht vorstellen.

Fährt man den eingangs besprochenen Weg in westliche Richtung weiter, steht man nach einigen wenigen Kilometern vor einem Schlagbaum, hinter dem sich ein kleines amerikanisches Camp befindet, das die Einheimischen belustigt 'die Horchstation' nennen. Das Camp macht einen vergammelten, vernachlässigten Eindruck, und die dort stationierten Amerikaner langweilen sich sichtlich.

Weiter als bis zum Camp kommt man leider nicht, doch es
gibt auch nichts mehr zu sehen, denn gleich hinter der
Horchstation ist die Insel zu Ende.

Beim Zurückfahren in Richtung Stadt auf
einen der nach links führenden Pfade abzwei-
gen, man kommt dort nach nicht allzulangem
Weg zur Nordküste mit ihren steilen Klippen.
Diese Pfade sollte man jedoch besser zu Fuß
gehen, man erlebt die Insel dabei wesentlich
intensiver.

Die Ostküste

Wer etwas anderes als nur Strände sehen will, kann folgenden Ausflug machen:
Auf der Hauptstraße den alten Ortsteil durchfahren, immer stur geradeaus, bis die Straße eine scharfe Linkskurve macht. Auf diesem Weg gelangt man aus der Stadt
hinaus. Ungefähr einen Kilometer vor der Stadt liegt
rechts eine sehr hübsche und gepflegte Bungalowsiedlung
mit Namen 'Cala Cresta' oberhalb einer hübschen Bucht. Die
nächste Bucht ist die **Cala Pisana** (gemauerte Badeterrassen).
Links des holprigen Weges liegen ein paar kümmerliche
Weinfelder, darüberhinaus ist die Gegend überaus kahl
und steinig. Im weiteren Verlauf der Piste zweigt links
ein Weg ab, der auf den **Monte Imbriacole** mit seinen
stolzen 60 Höhenmetern führt (guter Ausblick), während
der eingangs beschriebene Weg zur Steilküste an der
Nordseite der Insel führt und schließlich am **Capo Grecale**, auf dem ein Leuchtturm steht, endet.

Sich mal in einem Boot ein Stück um diese
Inselseite schippern lassen - nadelscharfe
Steilküste!

Leitungswasser

Lampedusa hatte von jeher Schwierigkeiten mit der Wasserversorgung. Das Leitungswasser ist aufbereitetes Meerwasser. Die Insel besitzt seit 1973 eine Entsalzungsanlage, die inzwischen aber veraltet ist und öfter mal den Geist aufgibt.
Das Wasser ist absolut ungenießbar, es ist sehr stark salzhaltig. Es wird empfohlen, auch zur Körperhygiene das überall erhältliche Mineralwasser zu verwenden.

*****

Campingplätze

Es gibt zwei kleine, offizielle aber namenlose Campingplätze auf der Insel. Einer davon liegt hinter dem Stadtteil Guitgia direkt am Meer. Man nimmt den Weg zur Kanincheninsel (siehe 'Inselrundfahrt'), kurz nach der Cala Madonna zweigt links der Weg zum Campingplatz ab.

Der andere Platz liegt auf dem Weg zum Leuchtturm am Capo Grecale, kurz nach dem Ortsausgang zweigt linker Hand ein Weg ab, der durch das kleine Hinweisschild 'Camping' gekennkeichnet ist. Beide Plätze sind sehr einfach und ganz ohne Komfort.

Seit 1983 gibt es noch einen 'offiziellen' Campingplatz an der Cala Greca, den La Roccia. Sein Gelände ist schön terrassiert und mit viel Holz und Naturstein aufgemotzt. Platz genug für ca. 100 Zelte. (15 Duschen, 15 Toiletten, 10 Waschbecken, Bar, Restaurant, kleiner Lebensmittelladen) Kostet pro Nacht und Nase ca. 2 500 Lire.

Hotels

Hotels der II. Kategorie:

- Baia Turchese, Tel. 970455
  liegt im Ortsteil Guitgia mit Blick auf eine schöne
  Bucht (allerdings Hafennähe). Der Sandstrand ist immer
  sehr gut besucht. Das Baia Turchese ist das beste und
  teuerste Hotel der Insel, aber ein phantasieloser Bau
  und schon ziemlich verwohnt. DZ DM 63.- bis DM 66.-.
  Dem Hotel ist ein Restaurant angeschlossen.

Hotels der III. Kategorie:

- Lido Azurro, Tel. 9700235
  Altes Hotel (das erste, das auf Lampedusa den Betrieb
  aufnahm) mitten in Guitgia, einfach, ziemlich verwohnt, zeitweise (morgens und abends) recht laut. Sehr
  familiäre Atmosphäre.
  Ein Restaurant und eine kleine Bar (Kommunikatonszen-
  trum von Guitgia) sind dem Hotel angeschlossen. DZ DM
  33.- bis DM 36.-.
  Das Lido Azurro vermietet auch kleine Appartements,
  die von Familien mit Kindern bevorzugt werden.
- Alba d'Amore, Tel. 970272
  Am Ortsausgang von Guitgia, klein, kalkweiß getüncht,
  sehr südländisch, ansprechend, sauber und gemütlich.
  DZ DM 33.- bis DM 38.-.
  Ein Restaurant ist dem Hotel angeschlossen.

Hotels der IV Kategorie:

- Martello, Tel. 970025
  Gegenüber Hotel Lido Azurro, sehr einfach, sehr viel
  Lärmbelästigung von der Durchgangsstraße, etwas höl-
  zerne Atmosphäre, lieblos zubereitetes Esen im
  Speisesaal. DZ DM 26.- bis DM 29.-.
- Albergo Medusa
  Neben Hotel Martello, sehr einfach, Lärmbelästigung
  durch Straße und umliegende Bars. DZ DM 25.- bis DM
  28.-
- Hotel Verde
  Mitten in der Stadt, direkt an der Hauptstraße. Neues,
  nettes Hotel mit angenehmer Atmosphäre, aber sehr
  laut. Blick über den Hafen. DZ DM 28.- bis DM 30.-.

Pensionen:

- *Pension Sirio, Tel. 970401*
  Ortsteil Guitiga, neben Hotel Lido Azurro.
  Neu gebaute, kleine und äußerst ansprechende Pension mit freundlichen Zimmern und einem sehr hübschen Garten. Empfehlenswert. DZ DM 29.-

In Guitgia ist etwas außerhalb ein neues Hotel im Bau (Hotel Guitgia), das 1983 fertiggestellt sein wird. Ruhige Lage und äußerlich sehr vielversprechend, Kategorie und Preise waren noch nicht zu erfahren.

Weitere Unterkunftsmöglichkeiten in der Bungalowsiedlung Cala Cresta.

Leihwagen

Die Garage Aruta in der Via delle Grotte am kleinen Hafen in Richtung Guitgia (nicht zu verfehlen, die Garage ist in einem ramponierten, zerschossenen Gebäude untergebracht - Erinnerung an den II. Weltkrieg) vermietet Vespas und Fiat 500. Ein Fiat kostet pro Tag DM 27.- / keine Kilometerkosten.

Bei den Autos handelt es sich teilweise um fürchterliche Vehikel. Deshalb vor einer Inseltour kurz die wichtigsten Funktionen durchchecken, insbesondere die Bremsen. Im übrigen macht's sehr viel Spaß, in solch einer uralten Krücke um die Insel zu kurven!

Restaurants, Trattorien

- *Restaurant Lido Azurro*
  In diesem Restaurant können auch Nicht-Gäste des Hotels essen. Hervorragende Küche, die Hotelbesitzerin und deren Schwester bereiten das Essen, das demzufolge auch wie 'bei Muttern' schmeckt. Menü mit Wein und Mineralwasser DM 36.-.
- *Trattoria Zio Michele*
  Zur Zeit unter den Edeltouristen gerade 'in'. Ganz einfache, fast primitiv ausgestattete Trattoria, hervorragende Küche, ausgesprochen freundlicher

Service, aber zur abendlichen Essenszeit ist kein
Platz mehr zu kriegen. Menü mit Getränken DM 40.-.
Da Zio Michele für Ortsfremde sehr schwer zu finden
ist, hier die Wegbeschreibung: Rechts des Hotels Baia
Turchese ist ein schmaler Weg, nach ca. 15 m scharf
rechts halten, es geht steil bergauf und nach ein paar
Metern steht man direkt vor der Trattoria, die keine
besondere Kennzeichnung aufweist

- Trattoria Mirmar
Hübsch eingerichtetes Lokal, klein und gemütlich, sehr
freundliche Atmosphäre. Die Trattoria liegt links vom
Hotel Turchese, vom Weg etwas zurück gesetzt.
Hier muß nicht das komplette Menü bestellt werden, man
wird keineswegs pikiert abgewiesen, wenn man z.B. nur
Spaghetti bestellt. Eine Portion Spaghetti mit Wein
kostet knapp über DM 6.-.

- Trattoria De Tomasino
Gute und sehr gepflege Trattoria, aber nur komplettes
Menü möglich. Preise wie bei Zio Michele.
Diese Trattoria liegt rechts der Trattoria Mirmar
etwas weiter oben am Weg.

- Trattoria Del Porto
Sehr gemütliches Lokal mit viel Krimskrams an den
Wänden und freundlichem, aufmerksamem Service. Auch
Teilmenü möglich. kostet mit Wein ca. DM 15.- bis DM
27.-.
Die Trattoria liegt direkt an der Hafenstraße zwischen
dem alten Stadtteil und Guitgia.

- Restaurant L'Oasi
Zur Zeit ebenfalls unter den Edeltouristen absolut 'in'.
Hübsches, gemütliches Lokal, aber abends fast kein
freier Stuhl zu kriegen. (Man kann auch draußen auf
der Terrasse speisen mit Blick auf den großen Hafen).
Hervorragende Küche, Menü DM 45.-.

- Pizzeria
In der Via delle Grotte, gegenüber der Garage Aruta
ist eine Pizzeria.

 Kleine Pizzen in der Bäckerei an der
Hauptstraße (Pane - Pizze) ofenfrisch abends
ab ca. 18.00 Uhr. Stückpreis pro Pizza ca.
DM 1.70.

Und noch ein Tip: Couscous nach arabischer Art, eine Spezialität der Insel, schmeckt sagenhaft gut, ist aber irre scharf und ein totaler Sattmacher.
Dann: Fisch, Fisch und nochmals Fisch. Superfrisch und auf vielerlei schmackhafte Arten zubereitet.
Allerlei Arten von kleinerem Meeresgetier, nicht alles ist definierbar, schmeckt aber zu 99% sehr gut.
Tausenderlei Arten von Spaghettisoßen.
Frisches Gemüse, landestypisch zubereitet, z.B. Melenzane, eine Spezialität der Region.

Tauchen, Schnorcheln

Wer rund um Lampedusa auf Tauchgang gehen will, sollte sich vorher unbedingt mit Salvatore Lo Verde in Verbindung setzen. Lo Verde ist ein sehr erfahrener Taucher, d e r Unterwassersportler Lampedusas gemeinhin, der den Meeresgrund wie seine eigene Westentasche kennt. Über Lo Verde können Boote verschiedenen Typs sowie Führer zu den Tauchgründen gechartert werden. Außerdem kann man komplette Tauchausrüstungen mieten.
Lo Verde betreibt daneben noch ein Sportartikelgeschäft gleichen Namens in Lampedusas Hauptstraße sowie eine Flaschenstation unten am großen Hafen.

Ein Tauchgang mit Lo Verde ist d e r heiße Tip auf der Insel und d a s Erlebnis überhaupt.

Für Schnorchler bietet die Klippenküste viel Interessantes, nur muß man genügend weit weg von den Sandstränden gehen. Am besten ein Boot mieten und gemächlich an der Küste entlangtuckern und ab und zu Schnorchelgänge einlegen - man ist überrascht davon, wie unglaublich viele Fische dort herumwimmeln. Interessant ist auch das Revier um die Isola dei Conigli.

Impressionen

Anflug auf Lampedusas Landebahn - in der nahezu leeren Maschine lauter Einheimische; italienische Matronen, die bei jedem Luftloch nervös im Sitz hin- und herrutschen, kleine, drahtige Männer, die Hände von schwerer Arbeit gekennzeichnet, einige Halbwüchsige, die vergebens versuchen, den Flair der großen weiten Welt nachzuahmen.
Ein Blick aus dem Fenster nach unten zeigt nur zwei Farbtöne. Braun - vom Hellbraun bis ins fahle Wüstengelb: das Land, und Blau in den intensivsten Schattierungen: das Meer.

Endlich rollt die Maschine aus, beim Öffnen des Forwarddoors atmest du Inselluft: Verdammt heiß! Etwas verloren trabst du über das hitzeflimmernde Rollfeld, hinter dessen dürftiger Drahtabsperrung sich dichte Menschentrauben fröhlich winkend drängeln. Deine Mitreisenden winken zurück, sie werden abgeholt, stürmisch begrüßt. Es wird gelärmt, palavert, und du stehst abseits, fühlst dich als Eindringling und bist ein wenig hilflos.
Langsam schlenderst du zum Flughafengebäude, das die Größe des Bahnhofs irgendeines gottverlassenen Nestes hat. Aber dein Fluggepäck findest du hier drin nicht, das mußt du irgendwo im Freien von einem Karren kramen, und so wühlst du also zwischen Kartons, bindfadenverschnürten Koffern und alten Körben und machst dich dann auf den Weg in die Stadt, deren erste Häuser unmittelbar unterhalb des Flughafengebäudes stehen.
Zögernd machst du die ersten Begegnungen mit Land und Leuten, gehst die Insel nicht im Hoppla-jetzt-komm-ich-Verfahren, sondern ganz behutsam an und erfährst dies: noch mehr Hitze, viel Schmutz und Staub, Staub, Staub, der dir schon nach kurzem Inselaufenthalt anhaftet wie ein klebriger Film.
Aber die Stadt atmet Leben und es gibt keine seelenlosen Silos, keine verpestete Luft. Du siehst die harmonische Nachbarschaft der Bewohner dieser Stadt, ihr enges Zusammenleben, ihre von keinen

Gartenzäunen und Grundstücksgrenzen eingeengte
Gemeinschaft. Du siehst die Fischer, die
Straßenhändler, die spielenden Kinder, die alten
Männer rund um den Dorfplatz, dem blühende Sträucher
ein paar Farbtupfer geben. Du siehst die mageren,
streunenden Straßenköter, und wenn du Pech hast,
siehst du auch schon mal eine tote Ratte in irgend
einem entlegenen Winkel.
Abends dann scheint das Städtchen so richtig
heimelig, die wenigen Straßenlaternen geben nur
schummrige Beleuchtung ab, und die Nacht verhüllt
gnädig all den Dreck, den Staub und die bröckelnden
Fassaden. Im übrigen ist die Luft lau, der Wein
billig, die Menschen nett und das alles verhilft dir
zu einem unglaublich guten feeling.
Am nächsten Tag aber lernst du eine ganz andere
Insel kennen. Du gehst zum erstbesten Strand; daß
dies ausgerechnet der meistbesuchte ist, weißt du da
noch nicht. Da siehst du braungebrannte, junge
Leute; die hübschen, flotten Mädchen, die ganz
selbstverständlich ihre Hüllen ablegen, siehst
sportliche junge Männer beim Surfen, Tauchen,
Wasserski fahren.

Und die Kontakte zwischen diesen beiden Inselwelten?
Die sind sehr oberflächlich und meist geschäftlicher
Art, wenn nämlich die junge Clique eine Fischerbarke
samt Fischer chartert und dieser dann mit
verschlossenem Gesicht den Oben-ohne-Mädchen die
Insel vom Meer aus zeigt.

LINOSA

5 km²; ca. 600 Einwohner

Linosa - totaler Gegensatz zu Lampedusa:
Es ist ein bergiges, an vielen Stellen sich jäh aus dem
Meer empordrängendes Eiland vulkanischen Ursprungs mit
schwarzen Lavaklippen, Felsbrocken und Aschebergen rings
um die Küste. Die höchste Erhebung der Insel, der Monte
Vulcano, erreicht 195 m und ist, wie sein Name schon
sagt, ein Vulkan, der allerdings seit Urzeiten schon
erloschen und ausgebrannt ist.

Der Ort Linosa strahlt einen eigentümlichen, liebens-
werten Zauber aus, dem man auf Anhieb verfällt, der
Traum von einer ursprünglichen Insel ist hier noch
Wirklichkeit.
Am Meer liegt ein verschlafener Fischerhafen, umgeben
von ein paar weißgekalkten Häusern. Vom Hafen an zieht
sich das Dörfchen stetig hügelan, ist dabei aber keineswegs typisch südländisch verschachtelt, sondern wirkt
überraschend großzügig.

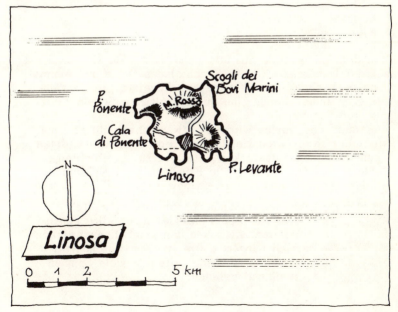

Etwas weiter oben im Ortskern kommt sehr viel Farbe ins Bild - liebevoll bonbonfarbig bemalte Häuschen - quer durch die Farbpalette - Linosa wirkt frisch renoviert und strahlend vor Sauberkeit. Außerdem ist der Ort mit viel Grün und Blüten geschmückt - Hibiscus, Bougainvillea in üppigen Ranken, und ab und zu sogar eine Palme.

Es gibt einige Tante-Emma-Lädchen, eine Bäckerei, eine Bar, die Post (in der Via Alfieri, fast am oberen Ortsausgang, in der Nähe des Hotels Algusa) und einen Lehrer, der in der einklassigen Schule sämtliche Jahrgänge unterrichtet.

Die Einheimischen, die vom Fischfang und im Hochsommer ein kleines bißchen vom Tourismus leben, sind freundlich und aufgeschlossen. Hier wird der Tourist noch wie ein Gast aufgenommen und nicht als notwendiges Übel betrachtet.

Den Ort in aller Ruhe durchstreifen, man ist überrascht, wie viele idyllische Winkel es dort zu entdecken gibt - kleine Höfe, Gärtchen, Fleckchen voller üppiger Blütenpracht, blendend weiß gekalkte Dächer.

Inselerkundung

Von der Anlegestelle aus kommend, hält man sich zunächst auf der Hauptgasse (Scalo Vecchio) des Ortes und nimmt dann nach einigen hundert Metern die erste größere Abzweigung linker Hand. Eine gut asphaltierte Straße führt aus dem Ort hinaus.

Außerhalb des Dorfes wird der etwas schwermütige Eindruck der Insel durch viel Grün in Form von weitläufigen Opuntienhecken aufgelockert, die hier zu regelrechten Feldern angelegt wurden. Die Früchte dieser Kakteenart werden geerntet und weiterverarbeitet.

Wer unter Spinnenphobie leidet, sollte lieber die Opuntienfelder nicht allzu genau studieren. Zwischen den stacheligen Kakteenarmen hängen wahre Armeen riesenhafter Spinnen - ich habe selten so viele Spinnen auf einmal gesehen!

Rechts der Straße kommt nach einem guten Kilometer ein
schwarzer Ascheberg, der ein Ausläufer des Montagna di
Ponente ist. Dieser Aschekegel ist über und über mit
lilienartigen weißen Blumen bewachsen, die ihm ein wunderliches Aussehen verleihen.
Kurz nach dem Berg macht die Straße einen Bogen nach
rechts und endet an einer weiten, halbkreisförmigen
Bucht, der **Cala di Ponente**, von der aus ein Bootsanleger
ins Meer führt. Rechts der Anlegestelle führt ein
schwarzer Aschepfad zu einem ebenso schwarzen, sehr
schmalen Sandstrand, der recht hübsch wäre, läge dort
nicht der übliche Zivilisationsmüll in der Gegend herum.

Sehr gute Bademöglichkeiten hat man von der
Anlegestelle aus, das Wasser ist klar und
recht tief. Außerdem kann man sich am
Anleger ganz bequem zu einem Sonnenbad
niederlassen.

Auch hier badet und sonnt 'man' sich schon oben ohne, muß
allerdings damit rechnen, daß zur Mittagszeit oftmals
ein paar der Inseljünglinge rund um den Anleger Beobachtungsposten beziehen.
Die Szenerie in der Cala di Ponente ist von großartiger
Wildheit und einer Kargheit, die sehr an eine Mondlandschaft erinnert.
Steht man vorne an der Anlegestelle, hat man rechter
Hand den Steilabfall des Montagna di Ponente vor sich,
einen 100 m hohen Bergzug, der seinen vulkanischen Ursprung nicht verleugnen kann und dessen Farben von
Schwarz über Dunkelrot bis ins Schwefelgelb spielen. Auf
der anderen Seite der Bucht verbreiten borstige, wild
übereinander getürmte Lavaklippen, die durchaus ihren
Reiz haben, eine einzigartige Stimmung.

Diese Klippen sind mit richtigem Schuhwerk
ganz gut begehbar; zwischen den Felsen gibt
es sehr viele Naturbadewannen und kleine
Tümpel. Man kann Stunden damit verbringen,
das darin umherwimmelnde Kleingetier zu
beobachten.

Ansonsten hat man dort draußen sehr viel Ruhe, das einzige Geräusch machen die sich an den Klippen brechenden
Wellen und ab und zu hört man das Tuckern einer vorbeikommenden Fischerbarke.

Weitere Inselerkundungen:

Von der Schiffsanlegestelle im Hafen aus kommend, nimmt man die erste Abzweigung rechts, sie führt oberhalb des Fischerhafens vorbei. Ein steiniger, staubiger Pfad verläuft direkt an der flachen Klippenküste entlang, links oberhalb dieses Pfades liegt eine kleinere, sehr ansprechende Bungalowsiedlung. Der Weg führt an mit rohen Legsteinmauern umfriedeten Opuntienfeldern vorbei und endet schließlich in einer grobkieseligen Bucht direkt am Fuße des Monte Vulcano.
Baden (nur in Badeschuhen) ist hier möglich, die Landschaft rund um die Bucht lockt aber nicht unbedingt zu längerem Verweilen.
Links oberhalb der Bucht führt ein sehr schmaler Trampelpfad am Steilhang entlang. Man erreicht dort nach einem sehr mühsamen Aufstieg den oberen Rand der Steilküste und hat von dort aus einen sehr guten Blick über weite Teile der Insel. Beim Begehen dieses Pfades ist Vorsicht geboten. Die Angelegenheit ist nicht ganz ungefährlich, der Boden besteht aus lockerer Asche, und die Trittsicherheit auf diesem Untergrund ist nicht unbedingt gewährleistet.

***

Vom Anlegehafen aus kommend, nimmt man, noch bevor die ersten Häuser des Ortes beginnen, den ersten, links abzweigenden Weg. Diese Küstenseite ist sehr flach, ein Stück weit führt ein ausgebauter Weg über die Klippen, der aber stellenweise schon durchgebrochen ist.
Der Pfad führt weiter zu einem alten Leuchtfeuer, das auf einer flachen, weit ins Meer hinausragenden Landzunge steht. Auch von dort bietet sich ein guter Blick über die Insel, vor allem aber hat man sehr viel Ruhe und die Möglichkeit, zwischendurch immer wieder einen Tauchgang einzulegen (unbedingt Badeschuhe anziehen, die Klippen dort sind sehr scharfkantig!).

***

Durch den Ort gehen, immer nach rechts halten. Die gut asphaltierte Straße führt am Hotel Algusa vorbei und dann in einer Linkskehre ins Inselinnere. Die Landschaft besteht aus überraschend grünen Talsenken (Anbau von

Reben) zwischen weitgehend kahlen Bergen. Hier kann man stundenlange, einsame Wanderungen unternehmen, sollte aber Wasser und Lebensmittel nicht vergessen, die Hitze in den abgeschirmten Tälern ist glühend, und es gibt weit und breit keine Erfrischungsmöglichkeiten.

Campingplätze

Es gibt keine Campingplätze auf der Insel, dafür aber außerhalb der Ortschaft sehr viele Möglichkeiten zum wilden Campen. Man sollte aber vorher unbedingt um Genehmigung nachfragen, um unliebsamen Überraschungen vorzubeugen.
Für Schlafsackfreaks ist die Anlegestelle in der Cala di Ponente ein herrlicher Übernachtungsplatz.

Hotels, Unterkünfte

- Hotel Algusa, II. Kategorie, Tel. 972052
  Einziges Hotel auf Linosa. Es steht in herrlicher Hanglage am Ortsausgang mit unverbautem Blick über den Ort und die Küste. Das Algusa ist ein neues, sehr gut in die Landschaft eingefügtes Hotel, relativ klein, sehr gepflegt und außerordentlich gemütlich. Leider ab September schon geschlossen und außerdem auch nicht ganz billig: DZ DM 63.- bis DM 69.-.
  Dem Hotel ist ein Restaurant angeschlossen.

Weitere Unterkunftsmöglichkeiten in der Bungalowsiedlung rechts vom Hafen bzw. in Privatzimmern oder kleinen Ferienwohnungen. Fragen Sie sich bei den Einheimischen durch oder lassen Sie sich ruhig von denen zum Mitkommen überreden - eine offizielle Liste von privaten Übernachtungsmöglichkeiten existiert leider nicht.

Restaurants, Trattorien

Restaurant im Hotel Algusa.

Eine ganz urige und einfache Kneipe, in der man aber ganz hervorragend und in familiärer Atmosphäre essen kann, ist die Bar in der Scalo Vecchio Nr.8. Die Kneipe ist auf der linken Straßenseite, ein weißgekalktes Haus mit unauffälligem Schriftzug 'BAR'.
Zum Essen sollte man sich übrigens rechtzeitig anmelden.

Wer privat untergebracht ist, hat die Möglichkeit, bei seinen Wirtsleuten zu essen. Viele Fischerfamilien, die Privatzimmer vermieten, kochen auch gleichzeitig für ihre Gäste.

Wer gut italienisch spricht, sollte diese Art der Unterkunft wählen. Es ist d i e Gelegenheit, mit den Inselleuten Kontakte zu knüpfen. Bei gegenseitiger Sympathie gibt's vielleicht auch mal eine Einladung zum nächtlichen Fischfang.

Tauchen, Schnorcheln

Tauchen in den Gewässern um Linosa ist nur mit eigener Ausrüstung möglich. Das heißt, man muß seine gesamte Ausrüstung samt Flaschen mitbringen, da es weder einen Verleiher für Tauchausrüstungen noch eine Flaschen-Station gibt.
Die Tauchgründe sind hervorragend und unter Insidern bekannt, das Meer sagenhaft fischreich, und an der Nord- und Südseite der Insel gibt es einige interessante Unterwassergrotten.
Schnorchler kommen überall an der Klippenküste voll auf ihre Kosten.

 Sich mit einer Barke zur Steilküste unterhalb des Monte Vulcano schippern lassen - interessanter Küstenabschnitt mit seltsamen Felsformationen, zwischen denen man mit kleinen Booten hindurchfahren kann, Steintürme im kristallklaren Wasser und eine enorme Tiefsicht.

Aus einem Brief eines Lampedusa/Linosa-Freundes:

"..... Die Kirche von Linosa hat keine Glocken, das Geläute kommt via Lautsprecher von einer Kassette. Das ginge ja noch. Samstags aber, von 9.00 bis 12.00 Uhr (man kann die Uhr danach stellen) legt Hochwürden Kassetten mit klerikaler Musik auf und bemüht die Lautsprecher dermaßen, daß man im weitesten Umkreis davon 'unterhalten' wird. Die Einheimischen scheint's nicht zu stören und irgendwie war es für mich, an der Cala di Ponente dösend, ein bäriges feeling."

Der Hafen von Lampedusa

Felseninseln

Zum Archipel der Pelagen gehört auch die Felseninsel **Lampione**, eine dürftige, steile Klippe, die 17 km von Lampedusa entfernt liegt. Lampione ist unbewohnt.
Eine weitere Felseninsel, die **Isola di Conigli**, ist Lampedusa direkt vorgelagert. (Siehe Inselrundfahrt)

Man erzählt, daß im August Schildkröten zur Eiablage zur Kanincheninsel kommen, manche der Einheimischen behaupten allerdings, das sei bis vor einigen Jahren noch so gewesen, in jüngster Zeit seien allerdings keine Schildkröten mehr gesehen worden.
Im übrigen gibt es auf der Insel wilde Kaninchen, der Name des Eilandes kommt also nicht von ungefähr.

Auszug aus dem Reisetagebuch:
Buchstäblich von einer Minute zur anderen verdunkelt sich der eben noch strahlendblaue Himmel und wird nachtschwarz. Mit rasender Geschwindigkeit braut sich über der Bucht bei der Kanincheninsel ein Gewitter zusammen. Schon zucken schwefelgelbe Blitze und tauchen die Umgebung in fahles Licht. Die nachfolgenden Donnerschläge sind von erschreckender Heftigkeit, in wilder Hast bricht man zu den Autos auf, weit und breit die einzige Möglichkeit, vor einem Gewitter, das auf der Insel tierisch werden kann, in Deckung zu gehen. Als wir keuchend den Fiat erreichen, spielt sich das Theater direkt über unseren Köpfen ab, es geht nun Schlag auf Schlag. Heftige Sturmböen begleiten das Unwetter, das mit einem Affenzahn über die Insel hinwegrast wie das Jüngste Gericht, begleitet von heftigsten Regenschauern. Durch das undichte Klappverdeck des Fiat rinnt das Regenwasser in Strömen, zu den Rostlöchern im Unterboden fließt es wieder ab. 10 Minuten Angst, 15 Minuten Regen, der uns so durchweicht, als kämen wir geradewegs aus dem Meer, und schon ist alles vorbei. Die Sonne brennt bald wieder mit der gewohnten Intensität vom Himmel, als wäre nichts geschehen. Nur die schwarze Wolkenwand, die jetzt ein paar Kilometer entfernt über der Stadt hängt, erinnert an das eben Geschehene.

Pantelleria

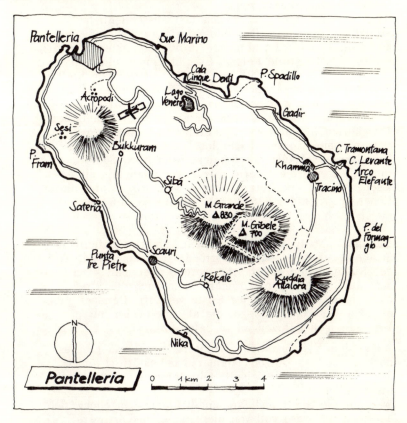

Pantelleria, die größte der italienischen Inseln vor der Südküste Siziliens, liegt 110 km von Mazara del Vallo (Sizilien) und 70 km von Kap Mustafa (Tunesien) in der Straße von Sizilien, zwischen Siziliens Südküste und der Nordküste Afrikas.

Pantelleria - die Insel

83 km², 9.600 Einwohner

Daß diese Insel beim ersten Anblick Gefallen erregen würde, kann man sicher nicht behaupten - es ist eines dieser herben Eilande, deren Reize sich erst bei eingehender Bekanntschaft zeigen.
Rings um die Insel erhebt sich fast ausschließlich Steilküste, eine bisweilen kilometerlange Wüstenei aus hochaufgetürmten Lavabrocken in den bizarrsten Formationen und sehr steile Felsen. Es gibt keinen einzigen Strand, und das Meer ist nur an einigen wenigen Stellen der Steilküste zugänglich.
Pantelleria, das wird schon auf den ersten Blick deutlich, ist vulkanischen Ursprungs; Reste nachvulkanischer Tätigkeiten in Form von Fumarolen und Thermalquellen zeugen vom Ursprung dieser Insel. Etwa in der Mitte Pantellerias verläuft ein Bergmassiv in Nord-Süd-Richtung, dies sind die Überreste eines vor langer Zeit erloschenen und erkalteten Kraters. Höchster Gipfel dieses Höhenzuges ist der 836 m hohe Montagna Grande, der zugleich auch der höchste Berg Pantellerias ist.

Die Insel hat 40 km einigermaßen gefahrlos befahrbare Straßen, auf einer Art 'Coastroad' kann ein großer Teil der Küstenregion abgefahren werden oder man kann zumindest auf die Küste hinabsehen, wenn auch die Straße nicht immer direkt an der Küste verläuft. Daneben gibt es noch 138 km Feldwege, die aber teilweise nur mit geländegängigen Fahrzeugen zu befahren sind.

Außer dem gleichnamigen Hauptort Pantelleria gibt es noch ein halbes Dutzend kleiner Straßendörfer, einige davon sind äußerst originell, sehr fotogen und noch sehr ursprünglich.
Wer nur die Stadt und ihre unmittelbare Umgebung sieht, hat bald die Nase voll von dieser Insel und ist versucht, schnell wieder das Weite zu suchen. Diesen Fehler sollte man lieber nicht begehen, sondern vielmehr versuchen, ein wenig mehr von Pantelleria zu sehen, um sich überhaupt ein Urteil bilden zu können. Je weiter man sich nämlich vom Meeresniveau mit seinen kahlen Gestaden

entfernt, desto grüner, fruchtbarer und freundlicher wird die Landschaft. Auf terrassierten Hügeln und Bergen wachsen Kapern, Reben, Granatapfelbäume, viel niedrige Macchia, Agaven, Opuntien, Pinien, Eukalyptusbäume, Palmen; die Täler zwischen den zerfurchten Bergen sind grün und fruchtbar, nur spärlich besiedelt und deshalb ein idealer Platz für Einsamkeitsfanatiker.

Da Pantelleria zwei total gegensätzliche Gesichter hat, lernt man das Positive davon nur bei einer ausgedehnten Inselrundfahrt kennen. Deshalb sollte man unbedingt einen Mietwagen einplanen, wenigstens für einen oder zwei Tage.

Die Möglichkeiten zu ausgedehnten Fußwanderungen in landschaftlich reizvollem Umfeld sind zumindest im unmittelbaren Einzugsbereich der Stadt sehr gering. Man passiert zuerst verschmutzte, staubige Vororte oder Industrieansammlungen und Müllkippen und muß zudem auf Straßen gehen, auf denen man ab und zu mal gefährlich von vorbeipreschenden Autos bedrängt wird. Ist man dann endlich außerhalb der Stadt angelangt, hat die Stimmung meist den Nullpunkt erreicht und man hat genug von der staubreichen Trippelei.

Die Insel per **Autostop** kennenzulernen, bereitet ebenfalls diverse Schwierigkeiten. Das Verkehrsaufkommen an den interessanten (weil abgelegenen und daher einsamen) Regionen ist äußerst gering, unter Umständen wartet man stundenlang auf ein vorbeikommendes Fahrzeug.

Schöne Wandermöglichkeiten gibt es dutzendweise in den Bergen oder den abgelegenen Tälern. Hier führen Feldwege kreuz und quer über die Insel. Anfahren muß man jedoch ebenfalls mit dem Auto, und auch die wenigen Badeplätze rund um die Küste sind nur mit dem Auto erreichbar.

Pantelleria - die Stadt

Man sagt, der erste Eindruck einer Stätte ist der richtige. Ich konnte mir später alle möglichen Vorteile und Schönheiten dieser Insel ins Bewußtsein rufen - irgendwie fühlte ich mich in Pantelleria nicht so ganz wohl. Der Ort Pantelleria ist häßlich, weshalb sollte man es anders umschreiben. Er ist schmutzig und verfallen, ziemlich heruntergekommen und ungepflegt. Nur die Häuser an der Uferpromenade haben - zumindest dort, wo Touristen hinkommen - eine freundliche Fassade. Hinter den Kulissen ist alles verfallen und vernachlässigt. Brutale Gegensätze: Schicke, offensichtlich reiche Touristen, die den Urlaub in ihren für teures Geld gebauten Feriendomizilen verbringen; daneben bittere Armut und Menschen, die in fast zusammenbrechenden Häusern wohnen müsen.
Ein schockierendes Beispiel sieht man auf dem Weg zum Flughafen; auf dieser Seite ist die Stadt besonders unansehnlich: zerschossene, halbzerfallene Kasernen aus dem Zweiten Weltkrieg. (Pantelleria wurde nach wochenlangem Bombardement im Juni 1943 von amerikanischen Fallschirmtruppen als erster Ort Italiens besetzt.) Seit Kriegsende sind diese Kasernen in ein und demselben Zustand, bzw. sind mehr und mehr verfallen, teilweise sogar schon eingestürzt, dienen aber nichtsdestotrotz als Wohnhäuser - ein deprimierender Anblick.

Die Stadt selber zieht sich mehr oder weniger an einem großen, ausgebauten Hafenbecken entlang. Hier stehen mehrstöckige Gebäude neueren Datums und über allem thront die alte, gleichfalls vom Zerfall bedrohte Festung. Hinter der Festung gibt es das typisch südländische Gassengewimmel, allerdings bar jeglicher Romantik.
Links von der Festung, rund um den eckigen, kahlen Platz geschart, findet man die Bank, eine Apotheke, eine Metzgerei, die Post und ein Sportgeschäft, während die meisten anderen Geschäfte sich an der Uferpromenade reihen: kleine Läden, Restaurants, Bars, Bäckereien, schicke Boutiquen mit den allerneuesten Fetzen, Schuhgeschäfte. Einen Supermarkt findet man rechts vom Hotel Myriam.

Panorama der Stadt Pantelleria

Es gibt in Pantelleria ein paar kleinere Souvenirgeschäfte mit teilweise sehr geschmackvoller Keramik, die man durchaus als passendes Mitbringsel bezeichnen kann. Leider sind diese Dinge alles andere als billig.

Wer weniger Geld für Souvenirs ausgeben will, kann ein paar Flaschen Inselwein erstehen. Berühmtester Wein ist der süße, schwere Likörwein *Tanit* oder Wein aus Rosinen *Zibbibo*. (Vorsichtig genießen, es sind verteufelt schwere Weine!)

Anreise im Flugzeug

Zwischen Juni und September verkehren täglich drei Maschinen zwischen Palermo und Pantelleria. Zwei Maschinen fliegen direkt Palermo - Pantelleria; eine Nachmittagsmaschine fliegt via Trapani.
Die Verbindung unterhält die ATI, eine Tochtergesellschaft der ALITALIA. Geflogen wird mit Fokker 27, einer ca. 40-sitzigen Maschine. Die Flugzeit Palermo - Pantelleria beträgt 45 Minuten; Flugzeit Trapani - Pantelleria: 35 Minuten.
Der einfache Flug kostet DM 40.- (Ermäßigung beachten, siehe Kapitel 'Ermäßigungen'). Während der Hauptreisezeit ist rechtzeitige Buchung eines Fluges unbedingt angeraten.

Fensterplatz sichern, interessante Ausblicke während des Fluges.
Landungstip in Pantelleria: Zu jedem Flug (Ankunft sowie Abflug) gibt es einen Buszubringer zwischen dem Ort Pantelleria und dem Flughafen, der 4 km außerhalb des Ortes liegt. Der Bus wartet direkt vor dem Flughafengebäude, es ist ein Bus mittlerer Größe ohne Aufschrift. Der Zubringerdienst ist kostenlos - siehe auch unter Ortsbeschreibung Pantelleria.

Flugbuchungstip: Bei der Buchung z.B. von Deutschland aus gleich noch einen Platz in einer späteren Maschine reservieren lassen (kostenlos). So besteht die Möglichkeit, doch noch am selben Tag weiter zu kommen, falls man die frühere Maschine aus irgendwelchen Gründen verpaßt hat.

Anreise mit dem Schiff

Einmal täglich, ausgenommen donnerstags und sonntags, verkehrt ein Schiff zwischen Trapani und Pantelleria. Die Fahrt dauert 4 1/2 Stunden, Autoverladung ist möglich. (Rückreise Pantelleria - Trapani ebenfalls täglich, ausgenommen am Donnerstag und Sonntag). Kosten pro Person für die einfache Fahrt: DM 16.-. Aliscafi zwischen Trapani und Pantelleria verkehren zweimal wöchentlich.

Eine weitere Verbindung gibt es zweimal wöchentlich zwischen Porto Empedocle und Pantelleria, mit Zwischenstation in Mazara del Vallo; diese Fahrt dauert 9 Stunden.

Auskunft über folgende Reedereien:
- Siremar, Burgio Peirce, Porto Empedocle, Via Marullo 12, oder am Hafen: Via Mole 5, Tel. 66683; bzw. Via Francesco Crispi 120, Palermo.
- Conamar Sud SpA, Piazza Sant Agostino 17, Trapani.

Auskünfte für Touristen

Pantelleria gehört verwaltungsmäßig zur Provinz Trapani, Auskünfte über:

- Ente Provinciale per il Turismo, EPT, Corso Italia 10, Trapani, Tel. 27273.

In Pantelleria-Ort über:
- Associazione Turistica Pro Pantelleria, Via S. Nicola, Tel. 911339/911838.

Busverbindungen über die Insel

Auf dem großen Platz bei der Kirche, direkt hinter dem alten Kastell, fahren regelmäßig mehrmals täglich Busse zu einigen kleineren Inselorten, so zum Beispiel:
4 x täglich nach Tracino (ein Dorf an der Nordseite der Insel) und zurück;
4 x täglich nach Rekale (an der Süd-Südwest-Seite) und zurück.
Eine Tour per Bus rund um die gesamte Insel ist leider nicht möglich.

Buszubringer zum Flughafen:
Vor dem Büro der ALITALIA/ATI-Agentur in der Via Borgo Italia (an der Uferpromenade, rechts vom Hotel Albergo del Porto) fährt ca. eine Stunde vor Abflug der jeweiligen Maschine ein Bus ab, die Fahrt zum Flughafen ist kostenlos.

Häuser

Obschon sich die Eindrücke überstürzen, wenn man zum erstenmal nach Pantelleria kommt, so gibt es dort etwas besonders Auffallendes und Inseltypisches: Hausformen, die man eigentlich viel weiter südlich vermuten würde - tunesische Häuser, kleine Kuben, manchmal weißgekalkt und dadurch einen reizvollen Kontrast zur schwarzen Erde bildend, oft genug jedoch nur aus rohen Legsteinen zusammengefügt mit einer kalkweißen Kuppel auf dem Dach. Vor allem im Inneren der Insel sieht man noch sehr viele dieser arabischen Häuser, während man in der Stadt - zumindest in ihrem Zentrum - kaum noch solche Bauten findet.

Saison, Tourismus

Noch viel mehr als Lampedusa ist Pantelleria derzeit Treffpunkt der norditalienischen Schickeria, die sich tatsächlich bisweilen so aufführt, als hätte sie die Insel gepachtet, und die Einheimischen seien samt und sonders als Statisten engagiert.
Auf Pantelleria zu urlauben, dort riesige Häuser zu bauen (die dann die meiste Zeit des Jahres leerstehen), gilt derzeit als irrsinnig schick.

Auch hier sind die Monate Juli und August absolute Renner, und der Trubel während der Hauptsaison ist von solcher Intensität, daß Touristen sich bisweilen tage- und nächtelang im Flughafengebäude aufhalten, um überhaupt noch einen freien Platz im Flugzeug zu ergattern. (Es ist vorgesehen, die Landebahn des Flughafens auszubauen, damit auch große Jets dort landen können!!)
Ähnlich übel steht es zu dieser Zeit mit Hotelzimmern und anderen Unterkünften - ohne Vorbuchung ist absolut nichts zu machen, auch die primitivsten Quartiere sind vermietet. Ab Anfang September kehrt dann Ruhe ein, bereits ab Mitte September haben einige der außerhalb des Ortes liegenden Hotels schon geschlossen, bzw. nur noch ganz wenige Gäste; Erholung und Ruhe sind dann wieder gewährleistet. Ebenso gibt es auch keinerlei Schwierigkeiten, in der Zeit bis Ende Juni ohne Voranmeldung eine Unterkunft zu bekommen.

 Wer Pantelleria Anfang/Mitte September bereist, sollte zumindest seinen Rückflug gleich fest buchen, da die Maschinen von heimfliegenden Touristen noch sehr stark ausgebucht sind.

In der Stadt und auch in einigen Hotels wird der Tourist nicht immer mit Höflichkeit und Zuvorkommenheit behandelt, man hört einige Klagen über schlechten Service und unfreundliches Hotelpersonal. (Selbstverständlich gibt es die berühmten Ausnahmen!)
Auch hier gilt, wie vielerorts in touristischen Hochburgen: Je weiter weg vom Zentrum, desto freundlicher und liebenswerter sind die Insulaner. Draußen auf dem Land lassen sich viel eher Kontakte zu den Leuten knüpfen als

in der Stadt, das mag wohl zum Teil auch mit daran liegen, daß unter den Touristen ein paar recht schräge Vögel dabei sind, die bei den Einheimischen nicht immer auf Zustimmung stoßen.
Fest steht, daß Pantelleria vom Edeltourismus ziemlich schnell überrollt und von einer einst verschlafenen, abgeschiedenen Mittelmeerinsel ziemlich abrupt zum Number-One-Ziel der Großstadtschickeria katapultiert wurde, was weder der Insel selbst noch ihren Bewohnern besonders gut bekommen ist. Last not least sind die Preise total verdorben, insbesondere die Grundstückspreise sind für die Einheimischen kaum noch diskutabel.
Deshalb noch einmal: Unbedingt die Monate Juli und August meiden, um sich selbst ein paar bittere Enttäuschungen zu ersparen!

Inselalltag, Inseltypen

Pantelleria City wirkt - obwohl von Größe und Zahl der Bewohner her eher Kleinstadt - geschäftig, hektisch und stressig, und dies ganz besonders während der Hauptreisezeit. Tag und Nacht rasen Fahrzeuge aller Art die Hafenpromenade auf und ab und sorgen, besonders nachts, für einen nicht gerade schlaffördernden Geräuschpegel. Nur für wenige Stunden kommt Pantelleria total zur Ruhe, was selten vor drei Uhr morgens der Fall ist. Frühmorgens um 7.00 Uhr fängt der nervende Lärm auf ein Neues an.

Die kerzengerade und reichlich glanzlose Hafenpromenade ist ganztags von wimmelnder Betriebsamkeit erfüllt; hier geben sichtlich die Touristen den Ton an. Man trifft auf etliche Bhagwan-Jünger, die in ihrer signalfarbenen Kleidung schon von weitem auszumachen sind, und auf Drogenabhängige und Freiluftfreaks der heruntergekommensten Sorte. Ab und zu nimmt die Polizei die am übelsten aussehenden dieser sichtlich unter Drogeneinfluß stehenden Typen in Gewahrsam, um sie dann mit steter Regelmäßigkeit von der Insel zu weisen. Aber Law-and-order herrschen deshalb hier noch lange nicht.

Daß sich die Einheimischen vor Freundlichkeit nicht gerade überschlagen, wird man einsehen müssen angesichts dessen, was der Tourismus hier schon angerichtet hat.

Das abendliche high life spielt sich längs der Hafenpromenade in vielen Freiluftcafes ab. Man sitzt hier bis in die frühen Morgenstunden, unterzieht die Vorbeiflanierenden einer besonders eingehenden Musterung und läuft Schau, möglichst in besonders extravaganter Kleidung. Das Gehabe ist großstädtisch, gelangweilt, blasiert, man hat es nicht nötig, jemanden anzumachen, und auch sehr viele der Einheimischen in Pantelleria-Stadt haben das locker-flockige Gehabe der Edeltouristen bereits angenommen. Abseits der Hochsaison ändert sich dies alles zwar etwas zum Positiven, von Inselromantik fehlt allerdings nach wie vor jede Spur.

Klima-Reisezeit-Badezeit

Bereits im April kann das Wetter schon sehr gut sein; das Frühjahr ist wegen der farbenfrohen Blüte ohnehin die beste Reisezeit.

Der Hochsommer ist trocken und heiß, die Monate Juli und August kann man als Urlaubsmonate getrost vergessen.

Angenehmere Seiten hat der Herbst: September und Oktober sind ideale Reisemonate, allerdings ist das Landschaftsbild dann wegen der ausgetrockneten und verdorrten Vegetation nicht besonders rühmlich.

Baden ist Anfang Mai schon möglich, das Meer hat bis Mitte Oktober ganz annehmbare Temperaturen, oft sogar noch darüber hinaus. Anfang bis Mitte November beginnt die Zeit der Herbststürme, es fällt viel Regen, die kühlste Zeit dauert bis Ende Februar.

Leitungswasser

Spärlich vorhandenes Zisternenwasser wird mit aufbereitetem Meerwasser vermischt. Was dabei herauskommt, ist als Trinkwasser absolut ungenießbar, aber zur Körperhygiene durchaus zu verwenden. Zum Zähneputzen ist allerdings Mineralwasser angeraten.

Kommentare

Ein Rucksackvictor:
"Wenn ich die italienischen Drogenfreaks hier rumlungern seh', wird mir schlecht. Da merkst du, daß Tunesien nicht weit ist."

Ein Einheimischer:
"Jetzt räumen die Carabinieri wieder einmal auf, dann ist für ein paar Tage Ruhe vor diesem Gesindel."

Ein junges Mädchen, Einheimische:
"Gräßlich, diese Reichen! Modeschöpfer, Schauspieler, Sänger, Industrielle! Alle kommen sie her und führen sich auf, als gehörte ihnen die Insel. Behandeln tun sie uns wie ihre Lakaien. Das bringt mich jedesmal auf Hundertachzig."

Eine alleinreisende Berlinerin:
"Ich bin nach Pantelleria gekommen, weil ich in einer Berliner Tageszeitung einen überschwenglichen Artikel über diese Insel gelesen habe. Also, diese ewige Schönmalerei von den Reisejournalisten, was hab' ich die satt! Kein Wort davon in dem Artikel über den Dreck, den Staub, die verkommenen Häuser, die unfreundliche Leute. Ich bin sehr enttäuscht. Nicht mal auf den Klippen kann man wandern, und die Landschaft sieht aus, als hätte hier jemand die Schlacke aus den Hochöfen gekippt."

Ein Rucksackvictor mit Freundin:
"Wenn du mit dem Schlafsack rumkommen willst, dann ist das hier auch nichts. So einfach am Strand pennen wie in Griechenland ist hier nicht. Dabei schlafe ich so gerne bei Wellengeplätscher ein."

Ein italienischer Tourist:
"... Gaddhafi ist auch nicht weit ..."

Ein Einheimischer:
"Wenn ich die Touristinnen so rumlaufen sehe: Oben nichts, vorne ein Dreieck und hinten zwei Riemchen rum ... ich finde das einfach schamlos."

INSELRUNDFAHRT

Zum Spiegel der Venus

Man verläßt Pantelleria-Stadt, indem man vor dem (hinter dem Kastell liegenden) Platz links abbiegt - linker Hand liegt die Banco Popolare di Sicilia - und gelangt recht schnell zur Nordostküste der Insel.
Die Straße führt etwas oberhalb der hier ziemlich flachen, aber wenig reizvollen Küste entlang. Nach einigen Kilometern zweigt rechts eine schmale, ebenfalls asphaltierte Straße direkt in einer Kurve ab. Man nimmt diese Abzweigung, die Straße fährt etwas bergan, quert eine Hügelkuppe und führt danach wieder stetig abwärts.

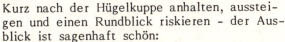

Kurz nach der Hügelkuppe anhalten, aussteigen und einen Rundblick riskieren - der Ausblick ist sagenhaft schön:
In einem breiten Tal, das von grünen, terrassierten Berghängen umgeben ist, liegt ein blaugrün-farbener, fast kreisrunder See, der **Specchio di Venere** (Spiegel der Venus). Dies ist ein Süßwassersee mit schwefligen Ablagerungen und einer radioaktiven Quelle, seine Ufer sind von weißem Sand gerahmt.

In einigen wenigen Kurven senkt sich die Straße in Richtung Tal, das bis auf ein einziges bewohntes Haus unbesiedelt ist. Lediglich auf einem Hügel weit oberhalb des Sees ist eine kleinere Touristensiedlung mit ein paar hübschen Ferienhäusern und einem Restaurant; vor Mitte Juni und ab Mitte September läuft hier allerdings gar nichts, d.h. außerhalb der Saison ist die Gegend so richtig zum Natur-total-tanken geeignet.

Unten im Tal das Auto stehenlassen und den See gemächlich per pedes umrunden - es gibt sehr viele schöne Aus- und Einblicke und äußerst fotogene Stellen.

Wer im See baden möchte, sollte etwas Vorsicht walten lassen, man hört so einiges über diesen See, zum Teil auch sehr viel Widersprüchliches. Es gibt Einheimische, die versichern, daß das Baden völlig ungefährlich sei. Andere wiederum erzählen, daß hier, vor allem während der Kriegsjahre, etliche Leute auf Nimmerwiedersehen im See verschwunden sind.

Wie dem auch sei, feststeht, daß der Ufergrund einen
äußerst lockeren, schlammigen Eindruck macht und man an
manchen Stellen unvermutet ziemlich tief einsacken kann.
Ob hier wirklich gefahrlos gebadet werden kann, vermag
ich nicht zu beurteilen.

Die Dörfer Khamma und Tracino

Nach der Umrundung des geheimnisvollen Sees fährt man
wieder auf die eingangs besprochene Straße zurück, hält
sich dort nach rechts und kommt weiterhin an der Küste
entlang, die hier erstaunlicherweise immer noch relativ
flach, aber sehr unwegsam ist.
Auf der linken Seite der Straße führt nach einigen hundert Meter ein kümmerlicher, kaum sichtbarer Pfad über
die Klippen hinab zum Meer (Bademöglichkeit).
Im weiteren Verlauf der Straße wird die bisher kaum vorhandene bzw. sehr karge Vegetation zunehmend üppiger. Es
gibt viel niedriges Strauchwerk und dicht aneinander gereihte Weinfelder, die von rohen Legsteinmauern begrenzt
sind.
An der nächsten Straßenkreuzung hält man sich nach
rechts. Während die links abbiegende Straße weiterhin im
Küstenbereich verbleibt, kommt man auf der rechten Abzweigung nach einigen stetig bergan führenden Kilometern
nach **Khamma** und **Tracino** (200 m):
Dies sind zwei reizende, noch sehr ursprüngliche Strassendörfer (diese Siedlungsform ist auf Pantelleria sehr
verbreitet), die so eng zusammengehören, daß nicht so
recht klar wird, wo nun eigentlich Khamma endet und
Tracino anfängt, und die Durchgangsstraße ist so schmal,
daß zwei Autos gerade mit Ach und Krach aneinander vorbeikommen.
Die weißbunten kubischen Häuser dieser beiden Dörfer
verbreiten viel südliche Atmosphäre, und die umliegende
Landschaft strahlt fast bukolischen Charme aus. Viele
blühende Ranken, Strauchwerk und noch mehr Grün verstärken den heiteren, unbeschwerten Eindruck, den man
von Khamma und Tracino gewinnt. Hier oben gibt es ein
paar Krämerläden, eine Apotheke, die Post, außerdem
einige Leute, die ein Privatzimmer zu vermieten haben.
Da keine offizielle Liste über die Übernachtungsmöglichkeiten in Khamma und Tracino existiert, muß man sich
durchfragen.

Wer Pantelleria von einer noch sehr ursprünglichen und positiven Seite kennenlernen möchte, sollte ein paar Tage hier verweilen: die nahen Berge sind ein sehr schönes Wandergebiet.

Im September kann man sich außerdem bei der Weinlese ein wenig nützlich machen und gewinnt so einen ganz guten Kontakt zu den freundlichen Einwohnern.

Kurz hinter Tracino, gleich nach dem Dorfplatz, auf dem die Busse von und nach Pantelleria Station machen, hört der Straßenasphalt auf und ein staubiger Weg führt weiter in die Berge hinein. Hält man sich auf diesem Weg immer geradeaus, passiert man zuerst ein weites Tal und endet schließlich auf dem **Piano del Barone**, einem etwas über 300 m hohen Berg, von welchem sich ein ganz guter Rundblick bietet.

Wanderwege ab Tracino

Wer größere Strecken erwandern möchte, hat hier ungeahnte Möglichkeiten. Nimmt man z.B. knapp nach dem Ortsausgang von Tracino die erste Abzweigung rechts, kommt man durch totale Bergeinsamkeit, trifft kilometerweit auf keine Menschenseele und landet schließlich nach einer wunderschönen Tour in einem Kaff namens **Siba** auf der gegenüberliegenden Inselseite!

Ein anderer Weg führt - immer am Fuß der höchsten Berge entlang - nach **Rekale**, das ebenfalls auf der anderen Inselseite liegt; von dort aus kann man dann mit dem Linienbus nach Pantelleria zurückfahren. Ungefähr nach der Hälfte dieses Wanderweges führt rechts ein Pfad auf den **Monte Gibele**, den zweithöchsten Berggipfel Pantellerias.

Für beide Touren sind unbedingt gutes Schuhwerk und gut ausgerüstete Rucksäcke erforderlich. (Sehr zu empfehlen als 2-Tages-Touren mit einer Übernachtung unter freiem Himmel in den Bergen.)

Von Khamma zurück ans Meer

Von Khamma aus führt eine unwahrscheinlich schmale und irre steile Straße (Vorsicht, beim Mietwagen sicherheitshalber vorher erst einmal die Bremsen auf Tauglichkeit durchtesten!!) hinab in Richtung Küste. Hat man wieder die Küstenstraße erreicht, wendet man sich zuerst nach links und nimmt dann nach ein paar Metern die erste nach rechts führende Abzweigung. Auf einer staubigen Schotterpiste gelangt man zur **Cala Levante**, dort liegt eine ebenso staubige wie verschlafene Fischersiedlung in einer knochentrockenen, ausgedörrten Einöde.
Gute Bademöglichkeiten im außerordentlich klaren und sauberen Meer bietet der kleine Landungssteg auf der linken Seite der Bucht.
Hält man sich noch etwas weiter links, gelangt man in die **Cala Tramontana**, ein unter Tauchern sehr bekannter Küstenabschnitt, der supertolle und fundreiche Tauchreviere bietet. Boote mietet man im übrigen in der Cala Levante.
Nach der kleinen Siedlung hält man sich nach rechts, passiert einen Puppendorf-Fischerhafen mit bunten Booten, vor dessen Klippen ein gestrandetes Küstenmotorschiff still vor sich hinrostet.
Oberhalb der schwarzen Lavaklippen führt ein staubiger Weg (nur im Schneckentempo zu befahren, sonst riskiert man möglicherweise einen Achsenbruch!) weiter und endet in der Nähe des **Arco Elefante**. Dies ist ein in vielen Pantelleria-Prospekten abgebildetes Klippentor, in dem man mit etwas Phantasie durchaus die Form eines Elefantenrüssels erkennen kann.

In unmittelbarer Nähe des Klippentors gibt es einen sehr guten Badeplatz. Der Ein-/ und Ausstieg zum Wasser ist zwar sehr glitschig und bei höherem Wellengang für so manches zerschundene Knie/Schienbein verantwortlich, aber das klare, saubere Wasser entschädigt sogar für blutende Schienbeine.
Schnorchler versuchen ihr Glück etwas weiter draußen rund um den Klippenbogen, die Tiefsicht ist enorm und das Meer sehr fischreich. Im übrigen kann man auf den Lavafelsen rund um die Badestelle einigermaßen bequem sitzen. Wer zu diesem Badeplatz gar mit Luftmatratze anreist, ist absolut fein raus!

Entlang der Küstenstraße nach Süden

Wieder zurück auf der Küstenstraße hält man sich dort jetzt nach links. Die Straße steigt nun stetig bergan und wendet sich etwas von der Küste ab; ausgedehnte Weinfelder begleiten ihren weiteren Verlauf. Die Häuser - ohnehin nicht besonders zahlreich in dieser Gegend - liegen weit verstreut, die meisten davon sind Urlaubsdomizile und deshalb auch nur in der Hochsaison bewohnt. Die Gegend wird zunehmend einsamer, und die kurvenreiche Route bietet einen Szenenwechsel nach dem anderen:

Sagenhafte Ausblicke auf die tief unten liegende, verbrannte, verdorrte Küstenregion, deren Eintönigkeit nur selten von einer kleinen Siedlung unterbrochen wird. Es gibt ein, zwei winzige Bootsanleger, um die sich ein paar weiße Häuser scharen - der Begriff 'Dorf' ist hier schon zuviel.

Anhalten, das Auto stehenlassen und die Einsamkeit dieser Küstenseite voll genießen. Oft dauert es Stunden, bis hier (wenn überhaupt mal) ein Auto vorbeikommt. Zwischen den ausgedehnten, terrassierten Weinfeldern gibt es viele schmale Trampelpfade. Wer den steilen Rückweg in der Gluthitze nicht scheut, kann auch zur Küste hinabsteigen.

Einige Kehren weiter erfolgt ein neuerlicher Szenenwechsel, diesmal wird man von duftendem Pinienwald überrascht und fährt durch die üppig bewaldeten Ausläufer des 560 m hohen **Kuddia Attalora**, die auf der gegenüber liegenden Straßenseite abrupt in Richtung Meer abstürzen. Überraschenderweise ist diese Teilstrecke der Straße neu asphaltiert, so daß man sich hier voll auf die Landschaft konzentrieren kann, ohne andauernd irgendwelche Schlaglöcher umfahren zu müssen.
Nach einer der nächsten Biegungen läßt man den Wald hinter sich und sieht die gesamte Südwestküste Pantellerias vor sich liegen und hat zudem einen sehr schönen Blick auf die hohen Berge im Innern der Insel.
Die Straße senkt sich nun langsam wieder in Richtung Küste, und die Landschaft wird verbrannter, trockener, öder. Das einzige, was in dieser sonnenverbrannten Einöde nach wie vor gedeiht, sind Weinreben.

Das nächste Dorf, das man auf dem Weg zurück zur Küste passiert, ist

Scauri (120 m)

ein verschlafenes, aber nicht besonders interessantes Dorf, dessen Kirche recht kühn über der Steilküste thront.
Lohnend ist ein Abstecher zum Friedhof von Scauri. Dieser liegt auf der Spitze eines Berges direkt über der Küste. Vor dem Friedhofstor ist eine ausgebaute Terrasse, und das Panorama von dort oben ist sehr eindrucksvoll.

Abstecher ab Scauri in das **Monastero-Tal**

Man nimmt die Straße, die in Richtung Rekale führt, nach enigen hundert Metern macht sie eine kühne Biegung. In dieser Kurve steht linker Hand eine Telefonzelle, und direkt daneben führt eine sehr enge, sehr steile Straße (die Straße an sich ist schon ein Erlebnis) den Berg hinauf. Die Route ist anfangs noch asphaltiert, weicht aber bald einer holprigen Schotterpiste, läßt die letzten, weit auseinander liegenden Häuser des Ortes bald hinter sich und führt schließlich durch ausgedehnte Weinfelder hinab in ein breites, grünes Tal, das nur dünn besiedelt ist: das Monastero - Tal.

Dieses Tal ist ein ideales Ziel für Leute, die Natur und Ruhe suchen. Man kann dort ganz ausgezeichnet wandern, ein Fußweg führt quer durch das Tal und endet schließlich im Dorf Siba, das in etwas über 300 Höhenmetern am Fuße des Montagna Grande liegt.

Von Scauri zurück nach Pantelleria

Vom Valle Monastero aus kommend, fährt man über Scauri wieder zurück auf die Küstenstraße. Wer mag, macht noch einen Abstecher zum Hafen von Scauri, der außer einem großen Landungssteg aber nicht viel Interessantes zu bieten hat.
An den Berghängen bzw. auf den Felsenklippen tauchen jetzt die ersten Hotelanlagen und Feriensiedlungen auf, ab Scauri-Porto bis nach Pantelleria-City ist die Strekke jetzt reichlich mit Touristensiedlungen und protzigen Ferienvillen bebaut.

 Ca. einen Kilometer nach dem Hotel Punta Tre Pietre liegt die **Grotte Sateria**, gekennzeichnet durch ein schmales Hinweisschild am linken Straßenrand. Eine breite Treppe führt über die Felsen hinab zu einem asphaltierten Badesteg, an dem man sich (endlich!!) auch mal zu einem ausgedehnten Sonnenbad ausbreiten kann.
Hinter dem Steg, direkt im Felsen, liegt die Grotte, eine düstere, feucht-warme, nach Schwefel stinkende Höhle (Taschenlampe ist hier vorteilhaft!). Im Boden ist ein natürliches Badebecken, in dessen warmem Wasser man diverse Leiden auskurieren kann. (Badeschuhe nicht vergessen!)

Die Landschaft in diesem Küstenbereich ist furchterregend kahl, hier türmt sich die Lava zu einsamer, trostloser Mondlandschaft, zu den bizarrsten, unwirklichsten Felsformationen.
Wer auf den Gruseltrip abfährt, sollte diesen Teil der Strecke einmal nachts befahren. Die Felsen geben, vom Scheinwerferlicht angestrahlt, eine gespenstische Kulisse ab, man glaubt Gestalten zu erkennen, wo gar keine sind ...

Ein weiterer interessanter Punkt bietet sich beim Hotel Punta Fram, das nur wenige Kilometer von der Grotte entfernt auf der linken Straßenseite steht.
Rechts neben dem Hotel führt ein leicht zu übersehender Trampelpfad über die Klippen nach unten zum Meer (man kann auch über die Hotelterrasse nach unten gelangen), wo zwei für Pantellerias Verhältnisse traumhaft schöne Badeplätze liegen. Auf den Felsen kann man sogar einigermaßen bequem sitzen bzw. liegen, es ist Blasenlava, deren Ränder nicht spitzgezackt und scharfkantig, sondern weich abgerundet sind. Bei näherer Betrachtung zeigen sich hier ganz irre Formationen, einige davon erstaunlich körpergerecht und in einem supermodernen Styling. Das Meer ist sagenhaft klar, tiefblau, und die Küste fällt hier sehr steil ab - d e r ideale Platz zum Schwimmen, Tauchen, Schnorcheln - mein Lieblingsbadeplatz auf Pantelleria schlechthin, aber während der Hochsaison (leider!) total überlaufen.

Weitere Inselerkundungen:

Nach Siba und in die Berge

Vom Ort Pantelleria aus hält man sich zunächst in Richtung Flughafen, umrundet das Flughafengelände und nimmt dann, kurz bevor der Drahtzaun eine Wende nach rechts macht, die linke Abzweigung, die in Richtung Berge fährt. Die Trasse ist sehr eng, kurvenreich und von tiefen Schlaglöchern verunziert, man muß hier ganz schön kurbeln, um diese Löcher zu umfahren und kommt deshalb ziemlich langsam voran. Entschädigt wird man durch die reizvolle Landschaft: Zwischen terrassierten Hügeln liegen schöne Täler, rundum grünt es üppig, Weinfelder, Strauchwerk, Kapernsträucher, Kakteen wohin man auch sieht. Hie und da sieht man einzelne Häuser, von denen man nie so recht weiß, ob sie nun bewohnt sind oder nicht. Die Straße führt stetig bergan, die Schlaglöcher werden, falls dies überhaupt möglich ist, noch ein wenig tiefer, schließlich erreicht man

Siba (300 m)

ein winziges Kaff am Fuß der Berge, das einen ganz eigentümlichen Anblick bietet: Eine vor Jahren einmal weißgekalkte Kirche, aus rohe Legsteinen zusammengefügt, daran anklebend ein paar ebenso roh zusammengebaute Häuser.

Der Weg führt an der rechten Seite der Kirche vorbei, es geht nun sehr steil bergauf. Die Piste, die ganz unvermittelt einer gut asphaltierten Straße weicht, schlängelt serpentinenreich tiefer in die Berge hinein und verläuft durch üppigen Pinien- und Eukalyptuswald.

Das Auto stehenlassen und zu Fuß weitergehen, es lohnt sich. Es ist wohltuend kühl hier oben, ein erfrischendes Erlebnis nach den hitzereichen Tagen an der Küste. Die Einsamkeit ist total, die Stille fast vollkommen, nur der Wind rauscht ein bißchen und zerrt an den Zweigen, ab und zu zwitschert ein Vogel - die einzigen Laute hier oben!

Man muß nicht bis ganz zum Gipfel gehen, um einen guten Ausblick zu haben. Schon ab der halben Wegstrecke bietet sich ein toller Weitblick. Für einen Trip in die Berge muß man sich allerdings einen klaren, wolkenlosen Tag aussuchen; der Gipfel Montagna Grande ist oft in Wolken gehüllt.

Das Bergdorf Siba

Auf der eben besprochenen Straße fährt man wieder zurück
bis zum Flughafengelände, hält sich an der Weggabelung
nach links und kommt durch **Bukkuram**, ein 5-Häuser-Kaff,
das auf den Betrachter erschreckend und furchtbar
trostlos wirkt. Gleich am Ortseingang verbreiten alte,
zerschossene Kasernen Kriegsstimmung; der Ort wirkt verkommen,
vergammelt, vergessen. Hier verweilt man nicht
gerne, sondern macht lieber wieder, daß man weiterkommt.
Die Straße verläuft weit oberhalb der Küste an der Südwestseite
der Insel entlang in Richtung Scauri.
Etwa auf der Hälfte der Strecke bieten sich sehr schöne
Ausblicke auf die Küste und die Berge. Anhalten, aussteigen
und das Panorama genießen.

In Scauri angekommen, nimmt man die Küstenstraße, die
zurück nach Pantelleria führt, kommt wieder am Hotel
Punta Fram (... die übliche Badepause!!) vorbei.

Wer einen Abstecher in die Geschichte der Insel machen
will, nimmt folgenden Weg:
Nach dem Hotel Punta Fram den zweiten auf der rechten
Straßenseite abzweigenden Feldweg. Nach kurzem Weg kommt
man zu einer niedrigen Mauer aus schwarzen Legsteinen.
Drüberklettern, auf der anderen Seite auf dem Trampelpfad,
der zwischen Opuntien und dornigem Strauchwerk
hindurchführt, weitergehen. Man landet nach wenigen
Metern direkt an einem **Sesi** (steinzeitliches Grabmal),
einem seltsamen kreisrunden Bau mit Innenzellen (Taschenlampe!)
und runder Kuppel, geschichtet aus schwarzem
Lavagestein.
Würde der Trampelpfad nicht direkt zum Rundbau führen,
wäre dieser gar nicht so leicht zu finden. Sämtliche
Mauern drumherum, auch die erst vor einiger Zeit aufgeschichteten,
haben ein und denselben schwarzen Farbton.

Campingplätze

Leider gibt es keine offiziellen Campingplätze auf Pantelleria, aber dafür sehr viele phantastische Möglichkeiten zum wilden Campen in unberührter Natur.

Am besten irgendwo weit draußen auf dem Land, aber in der Nähe eines kleinen Dorfes oder zumindest eines abgelegenen Hauses. Die Leute sind sehr freundlich und hilfsbereit. Man sollte aber doch vorher um Genehmigung nachfragen, ehe man auf fremden Grund und Boden ein Zelt aufschlägt.
Herrlich zum Campen ist z.B. das Monastero-Tal, ebenso schön ist es rund um den Specchio di Venere-See.

Hotels

Nahezu alle Hotelanlagen und Feriensiedlungen konzentrieren sich an der Südwestküste der Insel bzw. im Ort Pantelleria.
Die Bauweise dieser Hotels gleicht wie ein Ei dem anderen: 3- bis 4-stockig, meist bolzengerade, Arkaden vor den Balkonen, alles weißgekalkt. Die neuen Hotels haben so ziemlich die ähnliche Ausstattung, die selben Preise, die Zimmer ähneln sich sehr, sind meist in kühlem blau-weiß gehalten, das Inventar beschränkt sich auf das Notwendigste, die Badezimmer sind funktionell-nüchtern.
Alle Hotels sind sehr hellhörig, was sich aber nur bei Vollbelegung unangenehm bemerkbar macht.
Der Kontrast zwischen den schwarzen Lavafelsen und den weißgekalkten Hotels wirkt an sich sehr reizvoll. Da aber sämtliche Hotels gleich aussehen, wird es schon wieder eintönig und fad, man stumpft ab, wenn man ewig dasselbe sehen muß.
Die größeren Hotelanlagen haben ziemlichen Betonburgencharakter, während kleinere Hotels durchaus noch individuell wirken.
Zur besseren Unterscheidung ist deshalb in der nachfolgenden Aufstellung auch die Anzahl der Zimmer und Betten der einzelnen Hotels angegeben.

Hotels der II. Kategorie:

- *Cossyra, Tel. 911154, Telex 910157, 80 Zimmer, 160 Betten.*
  Dieses Hotel liegt direkt an der Küste, nur wenig außerhalb der Stadt. Für Leute, die gut zu Fuß sind, ist die Entfernung zur Stadt ein Katzensprung, im übrigen gibt es einen Buszubringer zwischen Hotel und Stadt.
  Die Zimmer sind modern, funktionell, sachlich. Ein kleiner Swimmingpool ist vorhanden.
  DZ DM 63.-.
- *Albergo del Porto, Tel. 911257, 43 Zimmer, 86 Betten.*
  An der Via Borgo Italia, der Hafen- und Hauptstraße von Pantelleria-Ort.
  Modern, kühl-sachliche Zimmer, sehr hellhörig, außerdem viel Lärmbelästigung von der Straße.
  DZ DM 63.-

Im Albergo del Porto arbeitet eine sehr nette und hilfsbereite Empfangssekretärin, Pia Ferreri. Sie spricht etwas französisch und ist gerne bei diversen Problemen behilflich.

- *Francesco di Fresco, Tel. 911217, Telex 910157, 77 Zimmer, 181 Betten.*
  An der Küstenstraße, etwas außerhalb des Ortes gelegen, in sehr ruhiger Umgebung. Die übliche Hotelanlage, von Aussehen und Einrichtung beinahe identisch mit allen anderen Hotels dieser Kategorie, modern, langweilig. Swimmingpool vorhanden, außerdem Zubringer zur Stadt.
  DZ DM 63.-.
  Man hört hier sehr viele Klagen über schlechte Bedienung und unfreundliches Personal.
- *Punta Fram und Punta Fram Mare, Tel. 911030.*
  Punta Fram: 57 Zimmer, 114 Betten;
  Punta Fram Mare: 67 Betten, 134 Zimmer.

Direkt oberhalb der Steilküste in ruhiger Lage, weit ausserhalb des Ortes. Ausstattung und Anlage wie gehabt, von den Zimmern aus sehr schöner Ausblick auf die Steilküste. Bei Vollbelegung viel Lärmbelästigung aus anderen Zimmern. Buszubringer zur Stadt. DZ DM 63.-.

Zur Hotelanlage Punta Fram/Punta Fram Mare gehört außerdem noch die Dependance Punta Fram. Sie ist der III. Kategorie zugeordnet, die Übernachtung ist deshalb auch etwas billiger. Die Zimmer sind unwesentlich einfacher. Die Dependance hat 24 Zimmer und 48 Betten. DZ DM 44.-. Empfehlenswert!

- *Punta Tre Pietre, Tel. 912026/916072.*
61 Zimmer, 122 Betten.
Unterhalb des Ortes Scauri, direkt an der Küste in ruhiger Lage. Einrichtung/Aufmachung/Anlage wie gehabt mit einem hübschen kleinen Swimmingpool auf einem Felsen oberhalb der Steilküste. Buszubringer nach Pantelleria.
DZ DM 63.-.

Hotels der III. Kategorie:

- *Agadir, Via Catania, Pantelleria, Tel. 911651.*
37 Zimmer, 69 Betten.
Ein einfaches Hotel direkt an einer Durchgangsstraße, daher sehr viel Lärmbelästigung bis in die frühen Morgenstunden. Einfache Zimmer, funktionell.
DZ DM 42.-.
- *Myriam, Tel. 911374, 28 Zimmer, 49 Betten.*
In Pantelleria-Stadt, etwas erhöht über der Uferpromenade mit schönem Blick über den Hafen. Einfaches Hotel in lauter Umgebung, bröckelnder Putz, rissige Wände, schlechter Service, unfreundliches Personal. DZ DM 42.-.

In Pantelleria-Stadt werden außerdem sehr viele Privatzimmer vermietet. Es gibt keine offizielle Vermieterliste, deshalb ganz locker in den kleinen Bars an der Uferpromenade durchfragen.

Leihwagen

Bei Giovanni, Nachname unbekannt, in Pantelleria-Stadt, der in der Nähe des Schlachthauses eine Garage betreibt, gibt es Autos zu mieten. Durchfragen, in Pantelleria-Stadt sind Straßennamen nur in seltensten Fällen angeschrieben!

Weitere Kontaktpersonen:
Im Hotel Mursia, außerhalb des Ortes an der Küste; dort nach Signore Toto fragen.

Im Hotel Albergo del Porto über die Empfangssekretärin Pia Ferreri, sie vermittelt Leihwagen.

Wer über das notwendige Kleingeld verfügt, kann sich auch an Signore Santoro, den Besitzer der Bar Aurora an der Uferpromenade, wenden. Signore Santoro spricht französisch und organisiert im übrigen alles, was das Herz begehrt - vom Mietwagen bis zum großen Boot, von der Tauchausrüstung bis zum Fahrrad. Seine Dienstleistungen, die meist von Edeltouristen in Anspruch genommen werden, sind aber alles andere als billig!

Restaurants, Trattorien

Essen können auch Nicht-Hotelgäste in den Restaurants der Hotels Myriam, Punta Fram Mare und Punta Tre Pietre.

- Trattoria Bartolo
  In Pantelleria-Stadt, direkt an der Uferpromenade. Ansprechende, hübsch eingerichtete Trattoria, in der auch die Einheimischen zum Essen gehen. Leider, wie alles auf der Insel, relativ teuer.

In Pantelleria-Stadt außerdem noch Pizzerien und kleine Snack-Bars; der übliche Durchschnitt und keineswegs billig.
Kleine Pizzen gibt's abends in der Bäckerei an der Uferpromenade (rechts von der Trattoria Bartolo). Kostenpunkt je nach Belag: DM 2.- bis DM 2,50.

Trattorien in Scauri:
- Circolo Vela Pantelleria, am Hafen von Scauri und -
Trattoria Scauri, im Ort Scauri.
Beides sind Trattorien, in die 'man' zum Essen geht.
Es sind Lokale mit hervorragendem Essen, die Trattoria
Scauri hat schon einige Berühmtheit erlangt, sie wurde
in sizilianischen Tageszeitungen bereits mehrfach
lobend erwähnt. Beide Lokale sind so 'in', daß man
unbedingt einen Tisch reservieren lassen muß. Das
Essen dort ist keineswegs billig, aber die Ausgabe
lohnt sich durchaus.

- Trattoria Da Francesco Casano in Khamma
Kleine Trattoria, auf Spezialitäten (z.B. Kuskus)
eingefahren. Lohnend.

Tauchen, Schnorcheln

Das Meer ist kristallklar, fischreich, die wilde Küste
bietet einiges für Sporttaucher. Außerdem soll man in
diversen Tauchgründen Amphoren, zumindest Bruchstücke
davon, finden können.

Aeolische Inseln

Diese Inseln sind bei uns unter dem Namen 'Liparische Inseln' bekannt - im Italienischen heißen sie ausschließlich 'Aeolische Inseln'.

Die Inselgruppe der Aeolen bestehend aus 7 bewohnten Inseln und einigen Felsenriffen, liegt nördlich von Sizilien. Die südlichste Insel dieser Gruppe - **Vulcano** - liegt ca. 25 km von Milazzo (Sizilien) entfernt, während die nördlichste - **Stromboli** - ca. 65 km von Milazzo entfernt ist.
So ziemlich die selbe Ausdehnung hat die Inselgruppe auch in West-Ost-Richtung. Hier liegt die westlichste Insel - **Alicudi** - auch ca. 65 km von der östlichsten - Stromboli - entfernt.

*Die Aeolischen Inseln zählen zu den reizvollsten der kleinen Inseln um Sizilien. Landschaftsbild, Vegetation, Bademöglichkeiten und touristische Infrastruktur ermöglichen genußreichen Aufenthalt. Dies hat sich in den letzten Jahren bis nach Mitteleuropa herumgesprochen - entsprechend sieht's in der Hochsaison (ca. Mitte Juni - Ende August) aus Wer diese Zeit meidet, findet trotz der immensen Bauerei genug Platz, besonders auf den kleineren Inseln. Ein weiterer Vorteil der Aeolen ist ihre Vielseitigkeit: Weite vegetationslose Steppen, heiße Meeresquellen und Schwitzgrotten auf Vulkano, Ferien-high-life **und** gute Wandermöglichkeiten auf Lipari, die Sensation des einzigen regelmäßig tätigen Vulkanes auf Stromboli, völlige Ruhe auf Alicudi. Könnte ich in meinem Leben nur einmal auf die Inseln um Sizilien, ich würde Ende Mai auf die Aeolen gehen.*

Anreise mit dem Schiff

Der günstigste Ausgangspunkt für eine Schiffsreise zu den Aeolischen Inseln ist Milazzo auf Sizilien.

Darüberhinaus bestehen noch Schiffsverbindungen zwischen Messina und Lipari, zwischen Catania und Lipari und zwischen Palermo und Lipari (diese Verbindung erfolgt mit Stopover in Cefalu nur im Sommer, ab ca. 15.6.) Ab Milazzo fahren täglich (außer sonntags) Dampfer nach Vulcano und Lipari, die Fahrtzeit zwischen Milazzo und Vulcano beträgt 1 1/2 Std., zwischen Milazzo und Lipari 2 Stunden. (Milazzo Bahnhof bis Bahnhof sind es ca. 10 Gehminuten)

Aliscafi fahren ab Milazzo mehrmals täglich nach Vulcano und Lipari. Fahrtzeit Milazzo - Vulcano: 40 Min., Milazzo - Lipari 50 Min.

Ab Milazzo lieber mit dem gemächlichen Dampfer als mit dem Aliscafi anreisen. Die Fahrt ist viel zu schön, um das ganze Panorama in kurzer Zeit vorbeirasen zu sehen. Besonders schön ist die Anfahrt nach Vulcano und die Meerenge zwischen Vulcano und Lipari mit den einzelnen Basaltklippen (Faraglioni) im Wasser.

Zwischen Neapel und Milazzo verkehren Motorschiffe (z.T. auch mit Autoverladung), die Verbindung geht über Stromboli, Panarea, Salina, Lipari und Vulcano.
Abfahrten ab Neapel-Hafen am Dienstag und Freitag um 21.00 Uhr, Ankunft in Lipari am Mittwoch, 12.5 Uhr bzw. am Samstag, 10.55 Uhr.
Diese Schiffe haben auch Kabinenplätze verschiedener Klassen zur Verfügung. Auto ist auf den Inseln aber kaum nützlich!

Wer einen ersten Eindruck von dieser Inselgruppe gewinnen möchte, kann die Minikreuzfahrt in umgekehrter Reihenfolge machen und zwar von Milazzo aus nach Neapel. Da diese Verbindung tagsüber erfolgt, gibt's eine ganze Menge zu sehen, die Fahrt ist wirklich lohnend.
Die Fahrt verläuft über Vulcano, Lipari, Salina, Panarea

und Stromboli, wobei vor Salina und Stromboli zweimal angelegt wird, jeweils in einem anderen Hafen.
Abfahrt ab Milazzo jeweils Montag und Donnerstag um 10.00 Uhr, Ankunft in Neapel am Dienstag bzw. Freitag um 6.30 Uhr.

Die Verbindungen zwischen den einzelnen Inseln des Archipels erfolgen regelmäßig mehrmals täglich (während der Sommersaison natürlich öfters als außerhalb der Saison), Fahrtzeit per Aliscafo:

Lipari - Vulcano 10 Minuten
Lipari - Salina 20 bis 40 Minuten, je nach Anlegehafen
Lipari - Panarea 30 Minuten direkt, bzw. 1 Stunde mit Stopover in Salina
Lipari - Stromboli 1 Stunde direkt, bzw. 1 1/2 Stunden mit Stopover in Panarea
Lipari - Filicudi 1 Stunde
Lipari - Alicudi 1 1/2 Stunden

Auskünfte/Buchungen über folgende Reedereien:

- Alliatour, Via G. Rizzo, Milazzo-Porto, Tel. 923242
- Alisud (Aliscafi), Milazzo-Porto
- C. Genovese, Via Depretis 78, 80100 Neapel (als Vertretung der Reederei Siremar).

Auskunftsstellen für Touristen

Die Äolischen Inseln gehören verwaltungsmäßig zur Provinz Messina. Auskünfte über:
- Ente Provinciale per il Turismo, EPT, Via Calabria 301/bis 98100 Messina, Tel. 775356 (versendet auch Material nach Deutschland)
- Stazione Centrale F.S., Messina, Tel. 090-775335.

Auf Lipari:
- Azienda Autonoma die Soggiorno e Turismo, Corso Vittorio Emanuele 239, Tel. 090-9811410.

Informationsbüros, die allerdings nur während der Saison geöffnet sind:
- Corso Vittorio Emanuele 237, Tel. 9811580 und
- Piazza Marina Corta, Tel. 981108.
  Hier werden außerdem Unterkünfte auf allen anderen Inseln (auch Privatunterkünfte) vermittelt.

Auf Stromboli:
- Azienda Autonoma di Soggiorno e Turismo, Ficogrande, Tel. 98623 (geöffnet von Juni bis September)

Auf Salina:
- Azienda Autonoma die Soggiorno e Turismo, Piazza S. Marina Salina, Tel. 913003 (geöffnet während der Hauptsaison).

Banken

- nur auf Lipari ganzjährig geöffnet. In der Sommersaison, ca. ab Juni auf Vulcano, Salina, Panarea, Stromboli.

Die Aeolen genießen ....

Sie sind nicht mehr unbekannt. Die Italiener haben sie schon vor über 10 Jahren als Ferienziel entdeckt, und seitdem nimmt der Tourismus natürlich ständig zu.
Hotels, Ferienanlagen, Restaurants und Geschäfte werden nicht weniger. Nach menschenleeren Stränden sucht man heutzutage länger, aber es gibt sie.
Massentourismus wird es hier ohnehin nicht geben, da diese Inselgruppe für einen großangelegten Chartertourismus viel zu umständlich zu erreichen ist.

Wer in der Hochsaison auf die Aeolen geht, muß sich auf einiges gefaßt machen. Ab ca. Mitte Juni bis Ende August wird es auf Vulkano, Lipari und Stromboli ungemütlich voll, es gibt Unterkunftsprobleme, unfreundliche Leute und eine Bullenhitze. Es geht laut und hektisch zu, besonders auf Lipari gibt es ziemlich viel Trubel.
Absolute Hochsaison sind Juli und August. In diesen beiden Monaten aufs Geradewohl auf die Aeolischen Inseln zu fahren und auf ein freies Zimmer zu hoffen, ist reinster Wahnsinn - sämtliche Quartiere sind ausgebucht.
Wer die Inseln anders kennenlernen möchte, sollte in der Vor- bzw. Nachsaison anreisen. Viele Hotels haben schon ab April/Mai geöffnet und schließen erst Ende September bzw. manche auch erst Ausgangs Oktober.
In dieser Zeit entgeht man auch den heißen Winden aus Afrika, die sommers Sizilien und die umliegenden Inseln streifen; der bekannteste davon ist der Scirocco. Wenn der länger andauert, verwandelt sich die Luft in einen Glutofen.

Baden

Am besten haben uns die Strände auf Stromboli gefallen: schwarzer, puderweicher Lavasand (der tagsüber sehr heiß wird - und abends die gespeicherte Wärme abstrahlt), die Strände liegen direkt in Ortsnähe, manchmal weit ausladend, dann auch kleine, versteckte Abschnitte zwischen bizarren Felsformationen. Auch **Vulkano** bietet schöne Strände, dazu die wohltuende Gewißheit, immer im warmen Meer baden zu können: heiße Quellen bringen das Meer zu jeder Jahreszeit zum brodeln. Die größte Insel, Lipari, bietet wenig Bademöglichkeiten, dafür aber die Möglichkeit "seine" Bucht zu finden, es gibt zahlreiche einsame, oft schwer zugängliche Steilküsten, mit kleinen Sandbuchten. Die größeren Strände auf Lipari haben uns nicht gefallen. Die anderen Aeolen liegen mit ihren Bademöglichkeiten zwischen dem "Traum" Stromboli und Lipari. Leute, deren Aktionsradius nicht am Ortsschild endet, können auf jeder Insel ihren Strand finden, lediglich Lipari ist keine Badeinsel - aber zum Nurbaden sind alle Inseln zu schade.

Baden kann man ab Mitte Mai (bei ca. 18 Grad) im Sommer wird das Wasser bis 24 Grad warm, es bleibt angenehm bis Ende Oktober. Das Wasser ist größtenteil sehr klar, es scheint sauber.

Wandern

Teilweise üppige Vegetation (Salina, Lipari) und einzigartige geologische Strukturen (Vulkano, Stromboli) ließen die Aeolen zu einem außergewöhnlichen Wanderziel werden. Folglich werden auch schon organisierte Wanderreisen angeboten (Baumeler, jedes Reisebüro informiert). Aber es geht auch, vielleicht reizvoller, auf eigene Faust. Spezielle Tips und Routen jeweils bei den einzelnen Inseln.

Schönste Wanderzeit ist das späte Frühjahr, die Blüte fällt mit konstant gutem Wetter und schon 20 Grad warmem Meer zusammen. Und was ist schöner als über aussichtsreiche Vulkane zu streifen, die Nachbarinseln und silbernes Meer immer im Auge, dem Abend und seinem Licht entgegen ....

Wer nicht unbedingt zum Baden anreist, kann den Inseltrip auch schon im April riskieren.

Empfehlenswert sind auch September bzw. Oktober; das Meer ist noch angenehm warm, außerdem reifen viele Früchte und Weintrauben, allerdings ist die Landschaft dann ziemlich braun und verdorrt.

Tauchen, Schnorcheln

Für Unterwassersportler sind die Äolen äußerst interessant. Versierte Tauchprofis reisen hier Jahr für Jahr zum Unterwassersport an. Professionellen Unterwasserjägern werden die Gewässer zwischen Pietra del Bagno und Punta Palmeto empfohlen, sowie die Südwestküste zwischen Punta Grotticelle und Scoglio dell'Imerata (Insel Lipari).
Etliche Hotels vermieten Tauchzubehör und bieten gleichzeitig auch Tauchkurse für Anfänger und Fortgeschrittene an; sehr viele Hotels können zumindest Tauchzubehör vermitteln.
Das Meer ist sauber, klar und sehr fischreich. Wer auf eigene Faust auf Tauchstation gehen möchte, kann sich ein Boot mieten. Jeder Einheimische weiß ohnehin irgendein Spezialrevier und besonders die Bootsführer wissen sehr genau, wo die guten Reviere liegen.
Schnorchler brauchen sich nicht besonders weit hinaus zu bemühen, um Interessantes zu entdecken; nur immer schön an den Klippen entlang, dort gibt es schon genug zu sehen. Aber bitte nicht vom Wahn der italienischen Schnorchler anstecken lassen, die permanent mit riesigen Harpunen herumfummeln und selbst vor dem Abschuß klitzekleiner Fischchen nicht haltmachen. Leider gehört diese Untugend hier zum Image.
Deshalb: Lieber in aller Ruhe und ohne Harpunengefuchtel die stille, traumhaft schöne Unterwasserwelt genießen.

Leitungswasser

Zwar sprudeln Thermalquellen zuhauf, Trinkwasserquellen gibt es jedoch nicht. Dieses kommt per Tankschiff aus Messina; die Wasserqualität ist gut, es wird nicht mit aufbereitetem Salzwasser gemischt.
Wassersparen ist besonders in den heißen, trockenen Sommermonaten sehr empfohlen!
Als Brauchwasser gilt in Zisternen gesammeltes Regenwasser.

Vegetation

Die Vegetation ist auf Salina und in den windgeschützten Tälern Liparis am üppigsten. Typisch mediterran mit reichen Beständen an Oliven-, Feigen-, Johannisbrot-, Citrus- und Mandelbäumen. Es wächst Steineiche, Oleander, Ginster, Cistrose und viele der mittelmeerüblichen Gewürzkräuter. Außergewöhnlich ist die Fülle der prächtig blühenden Kapernbüsche (Blüte ab Anf. Juni, bes. auf Stromboli/Lipari), die Knospen werden kommerziell gesammelt. Der Weinbau beschränkt sich auf geschützte, bewässerbare Flächen. Aeolenwein ist eine geschätzte Rarität, lokale Gewächse können ausgezeichnet sein, sind aber schwer erhältlich.

Vulkane

Vulkantätigkeit auf und um Sizilien ist schon seit den Zivilisationsanfängen bekannt. Hauptsächlichen Anteil am Geschehen hatte und hat noch immer der Ätna, in dessen Bereich einst bedeutende griechische Kultur angesiedelt war.
Aber auch Stromboli und Hiera (Vulcano), weit weg von den menschlichen Ansiedlungen, wurden seit Jahrtausenden geehrt und gefürchtet.
Zahlreiche Mythen sprechen von furchterregenden Vulkanbergen und ihren Bewohnern: Von Zyklopen, Titanen, Göttern und Riesen und nicht zuletzt vom göttlichen Schmied Hephaistos. Sie bewohnten die Vulkane und kämpften erbittert um das Feuer. Auch Luzifer, so weiß es die Legende, hat Zuflucht im Ätna gefunden, als er vom Himmel gestürzt wurde. Und nicht nur mit der finstersten Hölle bringt der Volksglaube den Ätna in Verbindung, sondern über unterirdische Gänge auch mit den Vulkanen der Äolischen Inseln.

Der derzeit interessanteste Vulkan dieser Inselgruppe ist zweifellos der **Stromboli**. Sein Gipfel ist 926 m hoch, der Krater liegt jedoch etwa 200 Meter unterhalb des Gipfels und ist in Richtung Sciara del Fuoco (Straße des Feuers) offen. Dies ist ein breiter, sehr steiler Abhang, über den die Lava einen leichten Weg in Richtung Meer nehmen kann. Da die Sciara del Fuoco beiderseitig durch begrenzende Kämme vom übrigen Küstengebiet getrennt ist, bietet die ausströmende Lava keine Gefahr für die Bewohner der Insel Stromboli.

Der Vulkan ist ununterbrochen aber mäßig tätig und schleudert laufend (ca. alle 30 Min) frische Schlacke empor. In unregelmäßigen Abständen erfolgen jedoch äußerst heftige Ausbrüche, so z.B. im Jahre 1930. Damals flogen bis zu 30 Tonnen schwere Brocken himmelwärts, und ein dünnflüssiger Lavastrom raste mit der kaum vorstellbaren Geschwindigkeit von 15 bis 20 Metern pro Sekunde in Richtung des Ortes San Bartolo und floß dann nördlich dieser Ortschaft ins Meer.

Wesentlich ruhiger ist der Vulkan auf der Insel **Vulcano**. Außer viel Dämpfen, warmem Sand, heißen Quellen und sehr viel Schwefelgestank hat Vulcano derzeit mit nichts Aufregendem aufzuwarten. Doch so ruhig war es auf dieser Insel nicht immer. In früherer Zeit wurde Vulcano durch heftigste Eruptionen geschüttelt, deren Donnerschläge bis nach Sizilien zu hören waren. Der jüngste Ausbruch des Vulcano fand im Jahre 1889 statt und dauerte mit Unterbrechungen bis ins Jahr 1890. Seitdem befindet sich der Vulkan in tätiger Rauchphase, hauptsächlich am Kraterrand. Zwischen 1913 und 1923 erfolgten außerdem starke Ausbrüche von flüssigem Schwefel.
Vulcanos kleine Halbinsel Vulcanello entstand ebenfalls durch vulkanische Tätigkeit. Den Grundstein zu dieser Halbinsel legte eine Unterwassereruption im Jahre 183 v.Chr. Bei späteren Ausbrüchen vergrößerte sich die Halbinsel mehr und mehr und nahm schließlich ihre heutige Gestalt an. Die vulkanische Tätigkeit auf dieser Insel ist keineswegs ganz beendet, der Vulkan schlummert nur, und Fachleute befürchten nach wie vor seinen plötzlichen Ausbruch. So steht Vulcano unter laufender Kontrolle des geophysikalischen Observatoriums, das seinen ständigen Sitz auf der Insel Lipari hat.

Auf **Lipari** selbst ist keine besonders spektakuläre nachvulkanische Tätigkeit mehr zu bemerken. Zeugen des Vulkanismus sind lediglich die warmen Quellen bei Terme di San Calogero. Allerdings war Liparis heute ausgebrannter Vulkan, der Monte Pelato, vor Urzeiten äußerst aktiv, Spuren seiner Ausbrüche wurden sogar auf der Nachbarinsel Vulcano nachgewiesen.

Etliche Zeugnisse nachvulkanischer Tätigkeit in Form von Fumarolen und heißen Quellen finden sich auch auf Panarea, wesentlich weniger schon auf Salina und keinerlei nachvulkanische Aktivitäten mehr auf Filicudi und Alicudi.
Auch diese Inseln sind, wie schon ihre Form eindeutig beweist, vulkanischen Ursprungs, doch diese winzigen Eilande sind wesentlich älter als die übrigen Inseln und ihre Vulkane schon vor Urzeiten erloschen und erkaltet.

Auf Stromboli

LIPARI

38 km², 9.000 Einwohner

ist die größte und zugleich die Hauptinsel des Archipels. Zentrum ist die 5.500 Einwohner zählende Stadt Lipari. Sie liegt an zwei reizvollen Naturbuchten, die zu den Häfen Marina Lunga (Anlegestelle für Autofähren und Dampfer) und Marina Corta (Anlegestelle für Aliscafi und Fischerboote, Straßencafés, lokaler Treff) ausgebaut wurden.
Zwischen diesen beiden Häfen erhebt sich ein meerseitig steil abfallender Lavafelsen, auf dem, von wehrhaften Mauern einer ehemaligen spanischen Festung gerahmt, ein Dom thront.

Wer sich für Geschichte und Archäologie interessiert: Auf dem Burgberg gibt es genug Gelegenheiten, in der Geschichte der Stadt, der Insel und der des gesamten Archipels zu wühlen - Griechische Türme, mittelalterliche Gewölbe, wehrhafte Mauern, eine Kirche im byzantinischen Stil, die Kathedrale aus der Normannenzeit, Ausgrabungsstätten, Sarkophage aus griechischen und römischen Begräbnisstätten, Überreste eines antiken Theaters - ein ganzer Park voll archäologisch interessanter Inselgeschichte.
Auch wenn man keine Lust auf Museumsbesuche verspürt, sollte man sich doch zu einem Besuch des 'Museo Archeologico Eoliano', das in einem Palazzo auf dem Burgberg untergebracht ist, aufraffen. Der Besuch lohnt sich wirklich. Das Museum ist mit sehr sehenswerten und liebevoll beschrifteten Ausgrabungsfunden aus verschiedenen äolischen Kulturen bestückt.
Vor allem auch die Sammlung wunderschöner Amphoren mit Bildern der Odyssee ist mehr als nur einen flüchtigen Blick wert (... schließlich hat Odysseus hier dem die Winde beherrschenden Aeolus einen Besuch abgestattet und den berühmten Schlauch voller Winde als Hilfe für die Heimreise bekommen ...)
Öffnungszeiten des Museums: täglich von 9.30 Uhr bis 14.00 Uhr (Montags geschlossen) und an Sonn- und Feiertagen von 9.30 Uhr bis 13.00 Uhr.

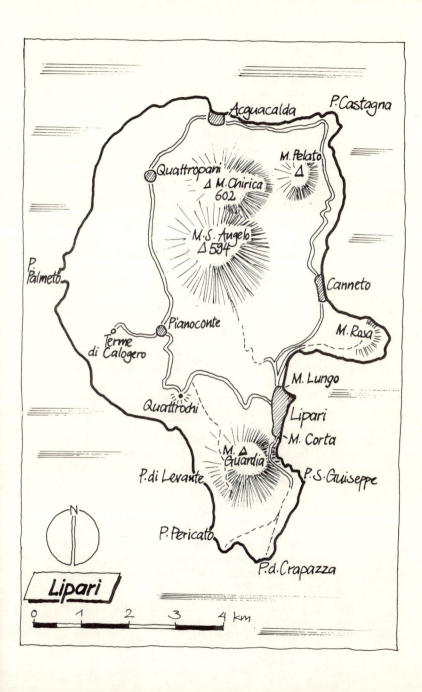

Zudem bietet sich vom Parco Archeologico ein sehr schöner Blick über die Stadt Lipari, auf den malerischen Fischerhafen mit den bunten Booten, auf die kleine weiße Kirche, die auf einer ins Meer ragenden Landzunge steht. Von hier oben sieht man nicht nur Teile der Nachbarinsel Vulcano, sondern kann bei klarem Wetter auch die Küste von Kalabrien und Sizilien sehen.
Lipari-Stadt hat trotz ihrer Größe und ihres zeitweise recht hohen Verkehrsaufkommens noch sehr viel Atmosphäre. Neben der breiten Hauptstraße, dem Corso Vittorio Emanuele, wo sich Geschäfte aller Art, Bars, Cafes, Restaurants und Souvenirshops reihen, gibt es noch viele schmale, erstaunlich stille Gassen und versteckte Winkel voller Romantik.

Landschaft

Die Landschaft im Inselinneren sowie an der Westküste ist wild, urwüchsig, zerfurcht und an manchen Stellen beängstigend infernalisch.
An anderen Abschnitten ist die Insel wiederum paradiesisch lieblich, die Hänge und Täler sind bebaut mit Weinreben, Oliven und Feigen.
In den windgeschützten Tälern und Schluchten westlich Lipari gedeiht die üppigste Vegetation. Reiche Vegetation auch auf der Hochfläche um Quattrochi/Pinaconta und am Abstieg nach Terme di Calogero.

Eine gute und preiswerte Auswahl an sizilianischen und lokalen Weinen gibt's in der schlichten Probierstube am nordöstl. Ende des Corso Vitt. Emanuele, schräg gegenüber der Abzweigung zum Fährhafen (Marina Lunga), nahe dem Touristenbüro.

Zumindest einmal probieren sollte man den süßen, likörartigen Dessertwein der Insel: "Malvasia di Lipari".

Erkundungstips

Lipari kann auf einer asphaltierten Straße ganz umrundet werden.
Zu den abgelegenen Gemeinden bestehen **Busverbindungen** ab Lipari-Stadt. Busfahrplan im Touristenbüro. Abfahrt der Busse nahe dem Fährhafen, M. Lunga.

Badevergnügen total - wer sich dies wünscht, ist auf Lipari ziemlich fehl am Platz. Dies ist absolut keine Badeinsel, einen (im übrigen nicht mal besonders schönen) Sandstrand gibt es nur längs des Hafens Marina Lunga und in Canneto, einem Ort, der ungefähr 4 km von Lipari-Stadt entfernt liegt. Sonst gibt es nur noch vereinzelt grobkieselige Strände zwischen der steilen Küste, und nicht alle diese Strände sind besonders schön gelegen.

Lipari ist eher eine Insel für Wanderer und Naturliebhaber - und die kommen hier voll auf ihre Kosten. Es gibt Landschaftserlebnisse in rauhen Mengen, die Pflanzenwelt ist erstaunlich üppig und vielseitig, außerdem gibt es zahlreiche geologische, vulkanische und archäologische Studienmöglichkeiten.

Für Inselwanderungen sehr nützlich: "Carta Touristica e Nautica", 1:25 000, mit allen Inseln. Die eingezeichneten Fuß- und Eselswege versanden bisweilen, trotzdem bietet die Karte einen guten Überblick über Tourenmöglichkeiten. In Lipari an jedem Buchladen.

Ab Lipari-Stadt einen Spaziergang zum geophysikalischen **Observatorium** machen, das am südlichsten Zipfel der Insel steht. Der Weg führt am Hotel Carasco vorbei, bergauf an den Ausläufern des Monte Guardia. Dieser Spaziergang ist lohnend, das Panorama äußerst fotogen: Man hat direkten Blick auf die Halbinsel Vulcanello mit ihren Kratern sowie auf die Insel Vulcano, die durch eine schmale Landbrücke mit Vulcanello verbunden ist.

Wer gut zu Fuß ist, sollte unbedingt zur Höhe von
Quattrocchi wandern (ca. 1 Stunde Wanderzeit, Busse
fahren auch dorthin, Haltestelle ca. 1 km vor Pianoconte).
Man hält sich dazu ab Lipari-Stadt auf der in Richtung
Pianoconte führende Asphaltstraße; die Anhöhe von
Quattrocchi mit der Aussichtsterrasse 'Belvedere' liegt
ungefähr 4 km von der Stadt entfernt an der Westseite
der Insel. Hier fällt die wilde Küste 214 m fast senkrecht
ins Meer ab, ist zerrissen, tief eingeschnitten und vom
Meer zernagt.

Gegenüber der Aussichtsterrasse liegt die Nachbarinsel
Vulcano. Der Blick reicht direkt auf den Großen Krater
mit seinen kahlen, zerfurchten Abhängen.

Baden an der einsamen Südwestküste

Die wilden Bereiche der Südwestküste sind praktisch
nicht zu Fuß erreichbar, steilabfallende Klippen, teilweise über 20 m hoch, verhindern den Abstieg.
Es gibt aber einen Zugang: Von der oben beschrieben-
nen Aussichtsterrasse 'Belvedere' aus. Von dort führt
der Abstieg über die tieferliegende Häusergruppe von
Quattrocchi in die Schlucht Valle Muria. Talauswärts
ein schöner Kieselstrand, an dem man oft allein ist.
Trinken Sie aus Freude über den himmlischen Platz
nicht allen vino auf einmal, der Rückweg nach Lipari
dauert gut eineinhalb Stunden. Am schönsten ist er,
wenn Sie nicht zur Straße zurücksteigen, sondern auf
Saumpfaden über die einsame Häusergruppe San Bartolo al Monte bis Lipari.

Von Quattrocchi aus gelangt man nach nur eineinhalb Ki-
lometern nach **Pianoconte**, einem kleinen bäuerlichen
Dorf, das zwischen üppigen Obstgärten und ausgedehnten
Feldern liegt.

Ab Pianoconte kann man einen Abstecher zu
den verlassenen **Thermen von San Calogero**
machen. Der Badebetrieb in den bis zu 60
Grad heißen Quellen ist seit Jahren eingestellt.
Das prächtig gelegene Badehaus zerfällt und
wenig erinnert an den Glanz der seit Urzeiten
genutzten Thermen. Die Schwitzgrotte bei der

Lipari: Der Burgberg mit dem alten Kastell

 Quelle soll seit Römerzeiten genutzt worden sein. Heute traut man sich kaum auf das halbzerfallene Areal, auf dem ein kläffender Mischling umherirrt. Viel schönere Bademöglichkeiten in heißen Quellen und Schwitzgrotten bietet Vulkano, vgl. S. 153. Der Abstieg ist eher wegen der Vegetation und Aussicht lohnend.

Nach Pianoconte steigt die Straße langsam an und führt an den üppig bewachsenen Ausläufern des Monte Sant' Angelo, der mit seinen 594 m zweithöchster Gipfel Liparis ist, entlang.

Monte Sant' Angelo

Kurz hinter Pianoconte zweigt rechts eine Straße ab, die auf den Monte Sant' Angelo führt, von oben gibt es einen traumhaften Rundblick. Man sieht auf die seit prähistorischer Zeit erloschenen Kraterschlünde des Monte Pelato und des Monte Guardia.

Den beschwerlichen Fußanstieg beginnt man am besten von der Siedlung **Varesana di Sopra**. Aufstieg ca. 1 Stunde, Lohn: Herrlicher Panoramablick. Abstieg über Pirrera möglich. Weiter über die vegetationslosen Lavahänge der **Forgia Veccia** zur Ostküste bei **Canneto** (Bademöglichkeit, vgl. S.145).

An die bedeutenden Obsidianvorkommen, die Lipari im Altertum ersten Reichtum brachten, wird man durch kleine Funde da und dort auf der Insel erinnert. Obsidian ist ein rauchschwarzes Vulkangestein mit glasartiger Konsistenz. Es wurde in den gesamten Mittelmeerraum exportiert. Beim Abstieg über Pirrera findet, wer Glück hat, auch schöne, große Stücke, besonders in der Forgia Veccia.

Zurück vom Monte Sant' Angelo hält man sich nach rechts, die Straße führt nun unterhalb des Monte Chirica entlang, der mit seinen 602 Höhenmetern der höchste Berg Liparis ist, und landet schließlich in **Quattropani**, einer weit verstreuten Ansiedlung, die auf einem sehr schönen Hochplateau liegt.
Von hier aus hat man ein sehr schönes Panorama vor Augen:
Die Hochebene mit ihren verstreuten Gehöften und dahinter die hohen Berge von Salina. Außerdem sieht man

die Insel Panarea, bei klarer Sicht auch die Kegel der
Inseln Stromboli, Filicudi und Alicudi.

Für Wanderer ist Quattropani ein idealer Ausgangspunkt
für Touren in die Berge; hier gibt's genügend Wege und
Pfade, um die Insel ausgiebig zu erkunden.
Übernachtungsmöglichkeiten in Quattropani sind vorhanden -
siehe 'Hotels'.

Ab Quattropani führt die Straße sehr steil bergab in
Richtung Küste und passiert den Ort **Acquacalda** an der
Nordseite der Insel.
Hier gibt's einen langen Kieselstrand, von dem aus sich
ein schöner Blick auf die Inseln Salina, Panarea und
Stromboli bietet.
In ihrem weiteren Verlauf führt die Straße nun an der
Nordseite von Lipari entlang, vorbei an den weißen Ab-
hängen des Monte Pelato und den Bimssteinbrüchen, die
schon aus weiter Entfernung grellweiß leuchten. Diese
Gegend wurde früher von Sträflingen und Verbannten, die
unter fürchterlichen Strapazen hier arbeiten mußten,
'L'Inferno Bianco' genannt. Wer die Bimssteinbrüche mal
gesehen hat, kann diese Bezeichnung verstehen.
Besichtigung der staubigen Bimssteinbrüche ist mit
Führer gestattet - man sollte sich dies unbedingt mal
ansehen!

Die Bucht von Canneto

Bei Canneto dann wieder langgezogener Sandstrand. Der
Ort selbst ist ein staubiges langezogenes Nest, kein
Vergleich zum herausgeputzten Lipari. Der lange Strand
davor wirkt trist und verwahrlost. Schöner und inter-
essanter wird die Küste nach Norden zu, in Richtung der
Bimssteinbrüche: Steilküste beginnt, dazwischen einzelne
Buchten, in der Vorsaison Genießer, die sich in Wind,
Sand und Meer textilfrei aalen, im Sommer mehr Rummel
und Imbißbuden.

Aus dem Reisetagebuch:

Da ist schon beim Aufstehen das Gefühl, daß heute irgendetwas anders ist als sonst. Die Sonne, leicht milchig umflort und verhangen, drückende Schwüle schon am Tagesanfang.
Dennoch machen wir uns auf den Weg nach Quattrocchi. Die ersten beiden Kilometer funktionieren wir noch ganz gut, obwohl der Schweiß in Strömen fließt, die Luft klebriger und klebriger wird. Doch die Strecke wird mit zunehmender Sonnenglast zur Qual, die Steigungen scheinen lang und zäh wie Kaugummi, der Weg nimmt und nimmt kein Ende.
Ein Hirte treibt eine größere Ziegenherde an uns vorbei, ihr penetranter Geruch hängt unauslöschbar in der Luft, von keinem Windhauch fortgeweht.
Die Zunge klebt schon pelzig am Gaumen - weshalb zum Teufel haben wir kein Wasser mitgenommen? Da tuckert ein Dreiradkarren die Straße herab - ein Obsthändler, der Orangen und Zitronen geladen hat. Wir fuchteln, bewegen ihn zum Halten. Er steigt aus, gestenreiche Erklärungen abgebend, begleitet von südländischem Minenspiel, drückt uns ein paar herrliche Orangen in die Hand, schwingt sich in den Karren und knattert davon, nicht ohne uns zum Abschied noch "Scirocco, eh?" zugerufen zu haben. Da hat's bei uns geklickt: Bei Scirocco sollte man besser untätig am Strand liegen!

Campingplätze

Bei Canneto, ca. 4 km vom Hafen (von Lipari kommend am Ortseingang linker Hand). Der Platz ist nicht schlecht, aber relativ teuer, nämlich 4 000 Lire pro Person pro Nacht.

Jugendherberge

In der Via Castello 17, beim alten Kastell, Tel. 98 11540. Ein 120-Betten-Haus, geöffnet ca. 1.6. bis 31.9. Meist belegt, im Hof Zeltmöglichkeit.

Blick vom Burgberg auf den Fischerhafen Marina Corta (Lipari)

Hotels

Riesige Hotelanlagen wird man auf Lipari ebenso vergeblich suchen wie Betonburgen und Hochhäuser. Man hat versucht, auch etwas größere Hotels in die Landschaft zu integrieren und es ist erstaunlich gut gelungen. Küstenverschandelnde Ausmaße hat gottlob kein einziges Hotel auf Lipari, obgleich das Carasco-Hotel schon etwas groß geraten ist. Die Preise zwischen Neben- und Hauptsaison differieren bis zu 50 %!

Hotels der II. Kategorie:

- Carasco, Tel. 9811605
  Mit 163 Betten das größte Hotel auf der Insel, das trotz seiner Größe keinen Betonburgen-Charakter hat. Sehr hübsche Bauweise! Das Hotel liegt außerhalb des Ortes Lipari etwas erhöht auf einem Felsen direkt über dem Meer in sehr ruhiger Lage. Ein Swimmingpool ist vorhanden. DZ DM 74.- bis DM 88.-.
- Gattopardo Park Hotel, Tel. 9811035
  Eine gepflegte Ferienanlage in der Stadt, umgebaute alte Villa, sehr stilvoll. Zentrale Lage, nahe der Stadtmitte von Lipari. DZ DM 54.- bis DM 72.-.
- Giardino sul Mare, Tel. 9811004
  Ein 60-Betten-Hotel, ziemlich am Ende des Ortes in ruhiger Lage direkt über der Küste. Ein älteres, nett eingerichtetes Hotel mit gemütlichen Aufenthaltsräumen. Durchaus empfehlenswert. Swimmingpool ist vorhanden. DZ DM 36.- bis DM 72.-
- Rocce Azurre, Tel. 9811582
  Ein älteres, gepflegtes 66-Betten-Hotel in ruhiger Lage an einer kleinen grobkieseligen Bucht am Ortsende von Lipari (zwischen dem Giardino sul Mare und dem Carasco). Ein einfacheres, aber empfehlenswertes Hotel. DZ DM 45.- bis DM 61.-.

Hotels der III. Kategorie:

- Augustus, Tel. 9811232, DZ DM 33.- bis DM 40.-.

Hotels der IV. Kategorie:

- Europeo, Tel. 9811589, DZ DM 35.-.
- Oriente Piccolo, Tel. 9811493, DZ DM 36.-.
- Regione, Tel. 9811302, DZ ohne Bad/Dusche DM 28.-.

Pensionen der II. Kategorie:

- *Odissea, Tel. 9812337, im Ort Canneto, DZ DM 22.- bis DM 34.-.*
- *Villa Diana, Tel. 9811403, in Diana-Tufo, DZ DM 45.-. Stilvolle Villa, 1 km landeinwärts in einem Park, sehr angenehm, Reservierung notwendig.*

Pensionen der III. Kategorie:

- *Nenzyna, in Quattropani, 11 km von Lipari DZ DM 29.- bis DM 36.-.*
- *Neri, Tel. 9811413, DZ DM 37.-.*

Ferienwohnungen

- *Costa Residence Vacanze, im Ortsteil Diana, 1 km vom Zentrum, mit Traumblick über Lipari. Die komfortablen Appartements können in Deutschland über "Interchalet" gebucht werden. In Lipari-Zentrum, im südl. Teil des Cors Vitt. Emanuele, ein Reservierungsbüro.*

Restaurants, Trattorien

Das bekannteste Restaurant der ganzen Inselgruppe ist Filippino (in der Nähe des Rathauses, unterhalb der Burg). Bekannt für Fisch-Spezialitäten, sehr 'in' und daher auch ziemlich teuer - aber lohnend!

Herrliche Speisefläche unter alten Bäumen. Publikum leider meist ebenso knorrig wie diese, eben sizilianischer Geldadel.

Die Pizzahöhlen und Restaurants am Laufsteg Corso Vitt. Emanuele sind in der Hauptsaison proppenvoll und bieten oft teure Einheitsküche. Lieber etwas abseits laufen und entdecken...

VULCANO

21 km², je nach Saison zwischen 200 und 800 Einwohner

Auf der Insel Vulcano tut sich dem Neuankömmling eine völlig andere Welt auf: Das Meer blubbert unentwegt und scheint verrückt zu spielen, im Sand zischt und dampft es, Vulkankrater, erstarrte Lava und seltsame Farbtöne, wohin man nur sieht, und überall stinkt's penetrant nach faulen Eier - dies jedenfalls ist der erste Eindruck, den man von der Insel gewinnt.
Bei näherer Bekanntschaft zeigt sich aber, daß dies eine höchst interessante Insel ist, gerade die Menge postvulkanischer Tätigkeiten machen den Aufenthalt dort zu einem Erlebnis. Zudem bietet sich hier für jeden etwas: Bade- und Unterwasserfans, Hobbygeologen und Kur-Urlauber kommen hier voll auf ihre Kosten (Wanderfans vielleicht etwas weniger, da Vulcano nicht allzu viele Wandermöglichkeiten bietet, sondern eher eine Badeinsel ist).

Vulcano besteht aus zwei Inselteilen - einem Hauptteil, dessen auffälligstes Merkmal der von erstarrten Lavaströmen verschiedener Ausbrüche geprägte Gran Cratere ist.
Im Nordwesten liegt die niedrige Halbinsel Vulcanello, die mit ihren drei Kratern über eine flache Landzunge mit Vulcano verbunden ist.

Porto di Levante
ist der Hauptort der Insel, hier ist auch die Anlegestelle für Dampfer und Aliscafi. Es ist ein unbedeutendes Kaff, das ziemlich im Dienste des Bädertourismus steht, der hier schon seit Jahrzehnten reichlich ausgeprägt ist.
Wie ausgeprägt, das zeigte sich alljährlich während der Saison, sodaß die Behörden sich schließlich genötigt fühlten, den privaten Autoverkehr auf Vulcano zwischen dem 1. Juni und dem 30. September zu untersagen und nur noch den Einwohnern Vulcanos gestatteten, ihre Privatautos während dieser Zeit dorthin zu verschiffen.

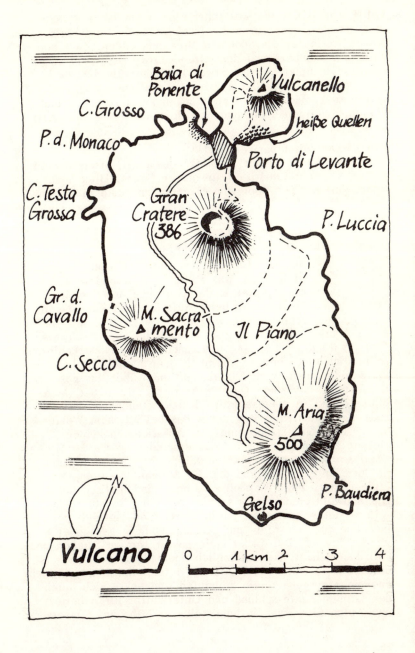

Von Porto di Levante aus führt eine 8 km lange Straße (die einzige!) quer durch die Insel bis zum Monte Aria, dessen Ausläufer die Südküste Vulcanos bilden. Zwischen diesem Vulkanberg und dem Gran Cratere liegt ein ausgedehntes Hochplateau, das etwas lieblicher als die restliche Insel ist. Von hier aus bieten sich gute Möglichkeiten zu gemächlichen Wanderungen auf Feldwegen und Pfaden, außerdem kann man von dort aus den Monte Aria besteigen.

Für Einsamkeitsfanatiker: Gelso
Ein paar Häuser an der Südspitze der Insel, etwas Strand, ein paar Läden-Trattorien, ansonsten Sonne, Hitze und Ruhe. Anfahrt per Boot vom Haupthafen Porto di Levante.

Zum **Gran Cratere:**
Unbedingt eine Wanderung zum Gran Cratere machen. Es sind zwar nur 386 Höhenmeter zu erklimmen, was nicht nach besonders viel klingt, aber in der Gluthitze des Sommers kommt man beim Aufstieg zum Krater ganz schön ins Schwitzen.
Beim Anstieg, der durch grünes Strauch- und Buschwerk führt, wird die Umgebung mit zunehmender Höhe kahler, um schließlich einer unwahrscheinlich öden Mondlandschaft Platz zu machen. Vom Gipfel sieht man über das gesamte Kraterrund, das einen Durchmesser von 500 m hat. Man blickt direkt in die ehemalige Krateröffnung und hat zudem ein herrliches Panorama, das bei schönem Wetter die gesamte Inselgruppe umfaßt. Aufstieg am kühlen Morgen beginnen, ca. 1 h., Kraterwanderung ca. 30 Min. Oben am Kraterrand dampfen zahlreiche Fumarolen und produzieren Schwefel und den für Vulcano so typischen faule-Eier-Geruch. Vorsicht: Dämpfe sind höllisch heiß! Die Schwefelproduktion war hier zeitweise so stark, daß Anfang des vergangenen Jahrhunderts eine einträgliche Industrie zur Schwefel- und Alaungewinnung gegründet werden konnte. Bei dieser Gelegenheit wurden Straßen und Fabriken gebaut. Das anfänglich noch kleine Industrieunternehmen wurde im Laufe des letzten Jahrhunderts mehr und mehr ausgebaut, ein Saumpfad erstreckte sich durch den Großen Kraterschlund und Unterkünfte für Arbeiter und Aufseher wurden in unmittelbarer Nähe des Kraters

erbaut. Gleich zu Anfang des letzten Kraterausbruchs im Jahre 1888 wurde das inzwischen sehr einträgliche Unternehmen Opfer dieses Ausbruches; hier flog buchstäblich alles in Fetzen.

Heiße Quellen & Schwitzgrotten

Von Porto di Levante sind es nur ca. 10 Minuten per pedes Richtung Halbinsel **Vulcanello,** bis man auf einige wundersame Dinge trifft.
Auf der flachen Landzunge zwischen den beiden Inselteilen gibt's sehr viel Interessantes zu sehen, so z.B. die **Zona delle Acque Calde.** Diese Zone befindet sich auf der rechten Seite, also an der Ostbucht der Landzunge. Hier erwärmen untermeerische Thermalquellen das Meerwasser zum Teil bis auf 100 Grad. Am Strand sieht man massenhaft klitzekleine Minikrater, aus denen Gase strömen. Der Dampf aus unterseeischen Fumarolen läßt das Wasser aufwallen und regelrecht kochen. Flockige Schwefelablagerungen bedecken den Meeresgrund und geben dem Wasser ein seltsames, milchig-trübes Aussehen.
Lassen Sie sich nicht vom penetranten Geruch und dem unappetitlichen Aussehen des Meeres in dieser Zone abschrecken - ruhig rein ins Vergnügen! Das Baden ist hier zwar keine Erfrischung, macht aber sehr viel Spaß. Im übrigen können Sand und Wasser stellenweise verflixt heiß sein, deshalb besser Badeschlappen anziehen.

Baden an der Baia di Ponente

Auf der linken Seite der Landzunge, also an deren Westküste, liegt der Traumstrand Vulcanos, die fast lagunenartig anmutende **Baia di Ponente**, eine ca. 1 km lange Bucht, die mit feinem schwarzem Lavasand bedeckt ist. Leider ist dieser Strand im Laufe der letzten Jahre etwas verdreckt und verkommen - schade, aber immer noch eine schöne Badelagune!
Von der Baia di Ponente bietet sich ein toller Blick auf die Nachbarinseln Lipari und Salina, bei klarem Wetter auch auf Filicudi und Alicudi. Landeinwärts reihen sich, von sehr viel Grün umgeben, einige Hotels, deren Lage durchaus als ruhig und erholsam beschrieben werden kann.

Nur wenige Meter landeinwärts dann eine weitere Attraktion: **Aqua del Bagno**, ein seichter, milchig-trüber Tümpel mit 40 Grad warmem Thermalwasser. Klapprige Rentner und Naturfreaks dümpeln in der Thermalbrühe, schmieren sich mit dem feinweißen Schlamm ein und mühen sich dann, je nach Alter und Kondition, schleppend oder hüpfend in's nahe quellgewärmte Meer.

Beim Aqua del Bagno: **Schwitzgrotten,** kleine Höhlen, in die man hineinkauern kann, von hinter strömt heißer Dampf auf streßverspannte Rücken - herrlich!

Das Wasser und die Dämpfe sollen, außer gegen Schäden am Bewegungsapparat, auch gegen Hautleiden und schlecht heilende Wunden, Hautunreinheiten etc. nützlich sein. **Vorsicht:** Nur mit alten Klamotten antreten, die schwefeligen Dämpfe entfärben und setzen sich penetrant im Gewebe fest!

Ein Boot mieten und um die vor der Baia di Ponente lagernden Turmklippen herumschippern, dann den schroffen Felsen, der auf der linken Buchtseite weit ins Meer reicht, umfahren, und man kommt an eine phantastisch wilde Steilküste mit weit ins Meer ragenden Felsnasen vorbei (ideales Schnorchelrevier!).

Camping

Es gibt drei Campingplätze:
- Al Togo, Via Porto Levante, Tel. 9842128
  (von Mitte Mai bis September geöffnet) und
- Sicilia, Tel. 9842054/9842050
  (von Juni bis Sept. geöffnet), an der Straße nach Süden (Piano) gelegen
- Sabbie Nere, P. Ponente, am Meer gelegen

Hotels

Wie auch auf Lipari und eigentlich auf der gesamten Äolischen Inselgruppe, so wurde auch auf Vulcano darauf geachtet, hier keine scheußlichen Betonburgen hochzuziehen, sondern die Hotels dem Häuserstil der Inseln anzupassen. Was dabei herauskam, sind hübsche kleine Anlagen im mediterranen Stil mit sehr viel südländischem Flair, überschaubar und durchaus reizvoll.
Viele Hotels haben nur von Juni bis Oktober geöffnet.

Hotels der II. Kategorie

- *Arcipelago, Tel. 9852002*
  Größtes Hotel der Insel, steht auf der Halbinsel Vulcanello in sehr ruhiger Lage, DZ DM 72.- bis DM 86.-.
- *Eolian Hotel, Tel. 9852152, Telex 980119*
  Ein reizvoller zweistöckiger Bau, sehr ansprechend angelegt mit stilvollem Innenhof. Liegt an der Baia di Ponente. DZ DM 79.-.
- *Garden Vulcano, Tel. 98052069*
  In Porto Ponente mit vielem Grün drumherum, wenige Meter zur Baia di Ponente gelegen, sehr gemütlich und geschmackvoll. DZ DM 39.- bis DM 68.-.
- *Les Sables Noirs, Tel. 9852014*
  in Porto Ponente, Strandnähe, DZ DM 84.-.

Hotels der III. Kategorie

- *Conti, Tel. 9852012, Porto Ponente, Strandnähe, DZ DM 25.- bis DM 44.-*
- *Eros, Tel. 9852007, im Ort Porto Levante DZ DM 39.- bis DM 43.-.*
- *Mari del Sud, Tel. 9852155, Porto Ponente, Strandnähe, DZ DM 36.-.*
- *Faraglione, Tel. 9852054, im Ort Porto Levante, DZ DM 39.- bis DM 43.-.*
- *Orsa Maggiore, Tel. 9852018, in Porto Ponente, Strandnähe, DZ DM 36.- bis DM 45.-.*
- *Rojas Bahja, Tel. 9852080, im Ort Porto Levante, DZ DM 50.- bis DM 54.-.*

Hotels der IV. Kategorie

- *Casa Sipione, Tel. 9852034, im Ort Porto Levante
  DZ DM 37.-.*

Pensionen der III. Kategorie

- *Agostino, Tel. 9852035 im Ort Porto Levante,
  DZ DM 31.- bis DM 38.-.*

Restaurants / Bars

Restaurants auf dem Campingplatz Al Togo sowie in folgenden Hotels:
Il Archipelago, Eolian Hotel, Garden Vulcano, Les Sables Noirs, Eros, Faraglione, Mari del Sud, Orsa Maggiore und Conti.

An der Aliscafi-Anlegestelle sind zwei Bars, vor deren Betreten hier allerdings nachhaltig gewarnt wird. Dort wird nämlich für den Tischservice ein Zuschlag von sage und schreibe 40% erhoben (in der Hochsaison)!

*Die drei westlichen Inseln **Salina**, **Filicudi** und **Alicudi** gehören zu den ruhigeren Aeolen. Weniger Tourismus, kein Freizeit-highlife, sondern pure, oft sehr herbe Landschaft. Man muß dort auf die übliche touristische Infrastruktur verzichten mögen, wird dafür aber mit Ruhe und reiner Landschaft belohnt.*

SALINA

27 km²; 3.000 Einwohner

Diese Insel, zweitgrößte und fruchtbarste der Aeolengruppe, ist unverkennbar geprägt durch die beiden Berghöcker der ehemaligen Vulkane:
Dem **Monte dei Porri** mit 860 m, der nahezu die gesamte Westseite Salinas einnimmt und dem **Monte Fossa delle Felci**, der mit seinen 962 m nicht nur der höchste Berg Salinas, sondern zugleich auch der gesamten Inselgruppe ist.
Zwischen diesen beiden Kegelbergen verläuft ein sehr malerisches, langgestrecktes Tal, das **Val di Chiesa**, in dessen windgeschützter Lage die Vegetation zu prachtvoller Üppigkeit gedeiht.
In diesem Tal, dessen Verlauf einige verstreute Häuseransammlungen begleiten, steht das Heiligtum Salinas in Form einer hübschen Wallfahrtskirche, deren Glocken vor einem Erdbeben im Jahre 1622 selbsttätig geläutet haben sollen.
In der gleichnamigen Ortschaft Valdichiesa kamen bei Ausgrabungen einige interessante Funde zutage, unter anderem einige sehr alte Gräber sowie zwei wunderschöne Bronzestatuen.

 Für Leute, die Ruhe ertragen können, ist Salina **die** Wander- und Badeinsel. Man findet selbst in der Hochsaison noch ein paar ruhige Flecken. Die Wandermöglichkeiten sind herrlich!

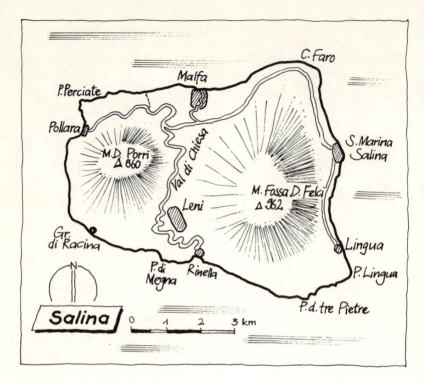

Wandern im Val di Chiesa

Vom Ort Malfa aus, der sich an der Nordseite der Insel auf einer weiten Ebene breitmacht, verläuft eine recht gute Straße durch das Val di Chiesa, passiert den Ort Leni, der äußerst malerisch an den üppig bewachsenen Hängen des Monte Fossa delle Felci inmitten von ausgedehnten Malvasier-Weinfeldern liegt. Salina ist der größte Weinproduzent der Aeolen.

Unbedingt zu Fuß durch das Val di Chiesa wandern, das Landschaftserlebnis ist einmalig!
Ab Leni führt die Straße in 'zig Windungen wieder hinab zur Küste und endet im Ort Rinella auf der gegenüberliegenden Inselseite.

Salina ist malerisch, ruhig und erholsam, allzuviele Attraktionen gibt es dort nicht; wer die Insel wirklich kennenlernen will, sollte sie erwandern.

Auf einen der beiden Kegelberge aufsteigen, von oben gibt's ein sagenhaftes Rundum-Panorama, das bei klarer Sicht die gesamte Inselgruppe umfaßt.

Eine weitere gute Tour ist der Weg vom Hauptort der Insel, Santa Marina Salina, zum Leuchtturm am Capo Faro. Dort können Interessierte noch ein wenig in der Inselgeschichte schnüffeln. Es gibt Überreste von prähistorischen Hütten und römischen Häusern (am Meer, in der Nähe des Leuchtturms).
Gute Wandermöglichkeiten gibts auch ab Santa Marina Salina in Richtung des Ortes Lingua mit seinem Salzsee und einem weiten Kieselstrand bis zur Landspitze Punta Lingua. Dieser Weg führt immer am der Küste entlang.

Baden

Wasserfreunde finden an der Ost- und an Teilen der Nordküste viele, teils einsame Strände, z.B. bei Santa Marina. Im Westen und Nordwesten vom Land her unzugängliche Steilküsten.

 Ein Boot mieten und ein bißchen an der Küste entlangschippern, besonders die Steilküste bietet viel Sehenswertes und ist auch ein schönes Schnorchelrevier. (Unterwasserjäger treffen sich übrigens im Ort Rinella!)

Busse: Zwischen den einzelnen Inseldörfern gibt's ganz gute Busverbindungen. Abfahrt meist bei Fährankunft.

Zwischen Santa Maria Salina und Rinella verkehren ca. 4 x täglich Busse. Sie starten in S.M. Salina direkt am Hafen, fahren nach Malfa (bis in den Ort und vor die Kirche), von dort weiter über Leni nach Rinella. Haltestationen in Rinella sind ebenfalls die Kirche, der Campingplatz und Endstation dann der Hafen.
Weitere Busverbindungen bestehen zu den kleineren Orten Pollara und Lingua.

Campingplätze

Salina hat einen offiziellen Campingplatz, und zwar im Ort Leni-Rinella:
- Tre Pini, Tel. 9844171.

Hotels

Hotels der III. Kategorie:

- L'Ariana in Leni-Rinella, Tel. 9842075
  In der Nähe von Rinella-Hafen; eine umgebaute Villa, die sehr stilvoll und antik eingerichtet ist.
- Punta Scario,
  liegt an der gleichnamigen Bucht, in der Nähe des Ortes Malfa. DZ DM 34.- bis DM 40.-.

Hotels der IV. Kategorie:

- Didyme, Tel. 9843006
  Ein einfaches Hotel. DZ (ohne Dusche/WC) DM 19.-.
- Le Palme, Tel. 9843037, DZ DM 22.-.

Pensionen der III. Kategorie:

- Il Delfino, Tel. 9843024
  Im Ort Lingua, DZ DM 24.-.
- La Marinara, Tel. 9843022
  Im Ort Lingua, DZ DM 27.-.

Restaurants

Restaurants sind den Hotels/Pensionen Didyme, Le Palme, Il Delfino und Marinara angeschlossen.

Einfache Trattorien in den Küstenorten.

Touristeninfo im Sommer:

Piazza S. Marina, Salina.

FILICUDI

9,5 km²; 400 Einwohner

Diese Insel liegt 18 km westlich von Salina, weit genug weg also vom zeitweise schon recht lauten und rummelhaften Lipari.
Wer viel Ruhe und wenig High Life braucht, ist auf Filicudi gerade richtig; die Insel ist noch sehr ursprünglich geblieben.

Filicudi-Porto
ist der Hauptort der Insel. Es liegt an einer langen Kieselbucht unterhalb der stark terrassierten Südhänge des Monte Guardia.
Weitere Häuseransammlungen sind **Valdichiesa** und **Pecorini a Mare**; Schiffsanlegestellen findet man in Filicudi und Pecorini.

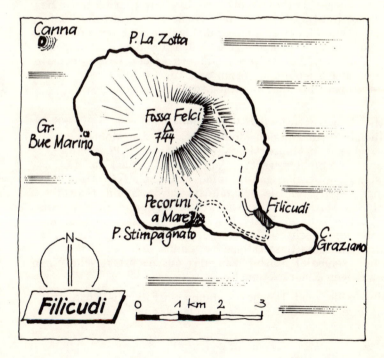

Höchster Inselgipfel ist der mit dem höchsten Berg
Salinas gleichnamige Monte Fossa delle Felci mit 774 m,
ein ehemaliger Vulkan, der allerdings schon seit
Urzeiten erloschen ist. Weitere Gipfel sind Lazzaro mit
510 m, La Montagnola mit 333 m und Monte Terrione mit
280 m; auch sie sind ehemalige Vulkane.

Die Ausläufer des Fossa Felci und Lazzaro sind stark
zerklüftet und fallen auf der Ostseite abrupt und total
unwegsam ins Meer ab. Die Westseite der Berge ist abschüssig und felsig, um dann küstenwärts in ginsterüberwucherten terrassierten Hängen auszulaufen.

Im Südosten stößt die flachere Landzunge von Capo Graziano weit ins Meer vor, am äußersten Ende des flachen
Anhängsels gibt's wieder anmutig terrassierte Berghänge
und Felsenküste.

Capo Graziano ist sehr interessant für Geschichtsfreunde:
Ausgrabungen beförderten hier nicht nur Rundhütten eines
prähistorischen Dorfes zutage, sondern auch an die 40
Gräber mit Skeletten und Grabbeigaben in Form von allerlei tönernen Gebrauchsgegenständen aus den Uranfängen
der Töpferei. Aus weiteren Gräbern kamen Krüge, bemalte
Teller und griechische Vasen ans Tageslicht.
(Einzelfunde im Museum von Lipari zu besichtigen!)

Filicudi bietet reichlich Wandermöglichkeiten, z.B. ab
Filicudi Porto auf den Monte Guardia, den Monte
Terrione, den Monte Montagnola oder nach Pecorini.
Ebenso empfehlenswert ist ein Bootstrip rund um die
Insel. Es gibt eine ganze Reihe malerischer Grotten
längs der Küste. Die bekannteste davon ist die **Grotta
del Bue Marino** an der Nordwestseite der Insel. Ebenfalls
im Bereich dieser Küste liegen etliche Basaltklippen, zu
denen man auch eine Bootstour machen sollte. Die
interessanteste Basaltklippe ist Canna, ein ca. 85 m
hoher, schmaler Felsbrocken, der aus nächster Nähe einen
gewaltigen Eindruck macht.

Schnorchler und Taucher kommen an Filicudis Küste voll
auf ihre Kosten, das Meer ist glasklar und fischreich.

Hotels

Feriendorf Phenicusa mit einem Hotel der II. Kategorie, Tel. 9844185
Die Anlage ist in der Nähe des Hafens Filicudi, DZ DM 43.- bis DM 50.-.
Eine Tauchschule ist angegliedert!

Restaurants

Im Feriendorf Phenicusa.

ALICUDI

5,3 km²; 230 Einwohner

Alicudi, die am westlichsten liegende Insel ist zugleich auch die verlassenste. Ruhe, Erholung, Einsamkeit, Beschaulichkeit, Ursprünglichkeit - wer all dies sucht, ist auf Alicudi goldrichtig. Hier trifft der Begriff 'einsame Insel' noch voll zu.

Es ist ein alter Vulkankegel mit 675 m Höhe, der seine Hänge steil aus dem Meer aufreckt. Der Westhang der Insel ist unbewohnt, kahl, unwirtlich, steil und rauh. Die bewohnte Ostseite fällt in Terrassen zum Meer ab und ist üppig begrünt; die wenigen Wege verlaufen alle an dieser Inselseite.

Der Hauptort der Insel ist **Alicudi-Porto**, ein verschlafenes, weit auseinandergezogenes Kaff mit kleinen, buntgestrichenen Häusern und einem langen Kieselstrand, auf dem ein paar Fischerbarken liegen.

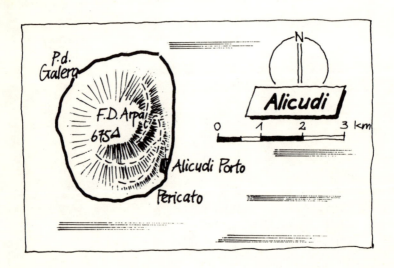

Alicudi ist gut zum Wandern. Zwar reicht's nicht für längere Touren, aber für einige Stunden durch das Gelände streifen, geht's noch allemal, die Wege sind allerdings sehr steil. Ansonsten hat die Insel keine Attraktionen, dafür aber sehr viel Landschaftseindrücke zu bieten.

Interessant ist eine Bootsfahrt um die Insel, besonders an der felsigen Westküste entlang, die auch sehr schön zum Schnorcheln/Tauchen geeignet ist.

Hotels

Es gibt nur ein einziges Hotel auf Alicudi, eine Unterkunft der IV. Kategorie:

- *Ericusa, Tel. 9812370*
  DZ DM 33.-. Ein Restaurant ist angeschlossen.

PANAREA

3,5 km?; 300 Einwohner

Panarea ist zwar die kleinste der Inseln, aber leider
nicht weit genug von Lipari entfernt. Es gibt einen
ziemlich regen Tagestourismus und - für eine solch
kleine Insel auch schon reichlich viel Hotels. Dennoch
ist Panarea eine äußerst reizvolle Insel. Manche behaupten, dies sei die schönste Äoleninsel schlechthin.

*Panarea ist nicht nur die kleinste, sondern auch
die exclusivste Aeoleninsel. Reiche Italiener haben sich im Ort eingekauft, Edelrestaurants und
Tandläden sind dazugekommen. In der Vorsaison liegt
das alles verschlafen da; dann, im Hochsommer, ein
völlig anderes Bild: Am Hafen teure Yachten, der
Ort wird zur Bühne für die Eitelkeiten der "happy
few", die ehrenwerte Gesellschaft möchte natürlich
am liebsten unter sich sein. Rucksacktouristen wird
vom Dorfpolizisten schon am Hafen erklärt: "Completo",
kein Platz für das Volk. Die Preise sind generell
hoch.*

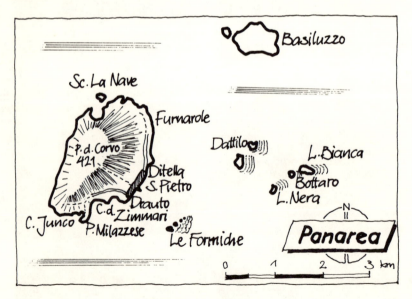

Panareas höchster Berg ist mit 429 m der **Pizzo del Corvo**, ein steiler, fast unwegsamer Berg. Die Ostseite fällt in Terrassen ab. Die Westseite steht wie mit einem Messer abgeschnitten im Meer, kahl und felsig.

Auf einem schmalen, sehr bröckeligen Pfad kann der Pizzo del Corvo bestiegen werden, doch sollte man unbedingt auf gutes Schuhwerk achten, da dieser Pfad nicht ganz ungefährlich ist.

Die übrigen Küstenstriche sind mit üppig blühender Vegetation bedeckt. Die ganze Insel wirkt dadurch sehr freundlich und heiter. Auch der Ort selbst, eine weit auseinandergezogene Siedlung, ist äußerst pittoresk und sehr fotogen. Die weißen, von bunten Blüten umrankten Häuser ziehen sich am Hügel entlang, es gibt schmale, ruhige Gässchen - und keine Autos!
Unten an der Bucht, wo eine kleine Pier ins Meer hinausgebaut ist, erstreckt sich ein steiniger Strand. Von dort aus kommend, hat man eigentlich nur die Möglichkeit, sich entweder nach links oder nach rechts zu halten.

Baden:

Will man baden, dann nichts wie links:
Der kleine Ort ist bald durchquert, und der Weg führt immer oberhalb der Küste entlang. Nach kurzer Wegstrecke gelangt man in die **Cala dei Zimmari**, eine Bucht mit einem sehr schönen Sandstrand.
Wer's lieber etwas wilder mag, kann auf einem schmalen Pfad den nächsten Berg in Richtung **Capo Milazzese** aufsteigen. Dies ist eine felsige, jäh ins Meer abstürzende Landzunge, auf deren äußerem Ende die ausgegrabenen Reste eines Dorfes aus der Bronzezeit zu sehen sind. (Einzelfunde im Museum von Lipari).

Zwischen den steilen Felsen des Capo Milazzese liegen ein paar kleinere Buchten mit grobem Kieselstrand. Die schönste davon ist die **Cala Junco**, zu der man absteigen kann. Von dieser Seite aus hat man einen guten Blick nach Lipari, besonders auf den Monte Pelato mit den weißen Bimssteinbrüchen.

Wen es von der Anlegestelle aus lieber nach rechts
zieht, liegt in diesem Falle auch nicht ganz falsch,
denn auch auf der anderen Inselseite gibt's einiges zu
sehen. Nach einem schönen Spaziergang mit Blick auf den
ebenmäßigen Stromboli und die Panarea vorgelagerten
Basaltklippen muß ein ca. 15 m hoher Abhang überwunden
werden und man steht an einem steinige Küstenstück
namens **Calcara**. Zum Baden ist es hier zwar nicht gerade
umwerfend, aber längs der Küste stößt man auf etliche
heiße Quellen und Dampfausströmungen. Der Boden leuchtet
in den tollsten Verfärbungen: reinweiß, schwefelgelb,
dunkelrot, schwarz.

Panarea ist umgeben von mehreren wildaussehenden Felseninseln, die möglicherweise die Trümmer eines explodier-
ten Vulkans sind und so wohlklingende Namen tragen wie
Basiluzzo, Spinazzola, Lisca Bianca, Dattilo, Bottara,
Lisca Nera.

 Mit einem Boot zur Insel Basiluzzo übersetzen lassen - sehr lohnend: Auf der ganzen
Insel findet man Überreste römischer Bauten
mit Resten von Mosaikfußböden und farbigem
Verputz an den Wänden.

Unweit der Bootsanlegestelle kann man auf dem Meeresgrund größere Überreste erkennen, die von einem Hafenbecken aus römischer Zeit stammen, das durch starke
seismische Vorgänge untergegangen ist. (Toll auch zum
Schnorcheln/Tauchen!!!)

Wenn das Meer ganz ruhig ist, unbedingt zum Inselchen
Bottaro schippern lassen - lohnt sich echt. Man kann
dort Vorgänge beobachten, die auf unterseeische Fumarolen zurückzuführen sind: Zahlreiche vom Meeresgrund
aufsteigende Gasblasen öffnen sich unter lautem Gurgeln
an der Wasseroberfläche. Diese Erscheinung wird *Caldaia*
(Braukessel) genannt.

Hotels *(Zimmer in der Saison sehr knapp)*

Hotels der III. Kategorie:

- *La Piazzo, Tel. 9811190*
  im Ort San Pietro gelegen, DZ DM 54.-.
- *Lisca Bianca, Tel. 9812422*
  DZ DM 41.- bis DM 54.-
- *Rayo, Tel. 9811 557, im Süden, Tauchertreff, reservieren!*
  DZ DM 54.-
- *Residence, Tel. 9811557*
  im Ort San Pietro gelegen, DZ DM 54.-.

Hotels der IV. Kategorie:

- *Villaggio Turistico Cincotta, Tel. 9811650*
  DZ DM 38.-
- *diverse Locandas*

Restaurants

Im Villagio Turistico Cincotta.
Und diverse im Hauptort S. Pietro, meist nur in der Saison geöffnet.

STROMBOLI

12 km², 560 Einwohner, Höhe 924 m

Stromboli - bei der Anreise mit dem Schiff sieht man schon aus großer Entfernung die perfekten kegelförmigen Umrisse dieser Insel - ein schwarzer Berg von sehr schönem Ebenmaß, dessen Gipfel ständig von einer Rauchfahne umweht ist.
Stromboli ist eine Insel mit unglaublicher Anziehungskraft und des deutschen Äolentouristen liebstes Kind. Die größte Attraktion besteht unbestritten aus dem tätigen Vulkan, eine Art Mustervulkan, der fast auf Befehl tätig ist. Andererseits kommen auch sehr viele Touristen nur zu einem reinen Badeaufenthalt nach Stromboli.

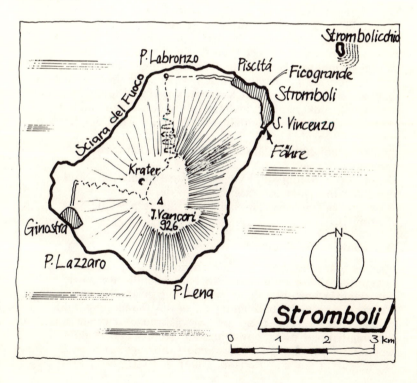

*Es gibt Stromboli-Touristen, die schon zum x-ten
Mal kommen, und jedesmal, wenn die Traumfigur aus
dem Dunst tritt, wenn der Bilderbuchvulkan Gestalt
bekommt, gibt's feuchte Augen. Wir haben solch einem
Fan ("seit 14 Jahren jedes Jahr hier") erklärt, wir
kämen eigentlich nur zum Baden und Faulenzen.
Der schnappte darauf nach Luft, in seinen Augen eine
Mischung aus Mitleid und Wut, und als er seine Sprache
wieder hatte, wurde er zum Missionar: Stromboli ohne
Strombolibesteigung, nein, ganz unmöglich! Nach einer
halben Stunde hatte er uns soweit. Tausend gute Tips
und seine Schwärmereien in den Ohren, dazu seine Reser-
vetaschenlampe, der Berg ließ auch uns keine Ruhe mehr ...*

Stromboli - die Insel

Die Insel ist äußerst reizvoll, hat aber zwei sehr gegensätzliche Gesichter. Auf der Ostseite konkurrieren
Olivengärten, Weinberge, Blumen, Gras, Ginster und Kakteen miteinander und über weite Teile der Insel ziehen
sich regelrechte Mauern von Feigenkakteen, die zeit-
weilig auch als Grenzzaun zwischen den einzelnen Grund-
stücken dienen. Und dann Kapern, Kapern, Kapern, wohin
man auch guckt, selbst in Felsspalten, an eingestürzten
Häusern und steilen Überhängen klammern sich die Kapernsträucher hartnäckig an. Und, toller Kontrast - die
grellweiß gekalkten Häuser zu dem rabenschwarzen Lavagestein!
Gegen diese prachtvolle Vegetation erscheint die Nordseite der Insel als infernalische Einöde, von dieser
Seite aus betrachtet ist Stromboli fast ein wenig
unheimlich.

Stromboli - die Stadt

Hauptort der Insel ist der gleichnamige Ort, der aus den
Ortsteilen **Ficogrande, San Vincenzo** und **Piscita** sowie
San Bartolo besteht. Viele Häuser liegen am Nordhang des
Vulkans, der nicht unschuldig an der Abwanderung zahl-
reicher Inselbewohner ist. Um die Jahrhundertwende war
Stromboli noch dicht bewohnt, der größte Teil der Be-
wohner ist inzwischen ausgewandert, vorzugsweise nach
USA, Australien und Kanada. Einer der Ortsteile, Pis-

Am Fuße des Stromboli

cita, hat ganz besonders unter der Abwanderung gelitten.
Die verlassenen Häuser verfallen mehr und mehr und der
Ort hat schon ein wenig Geisterstadt-Atmosphäre.

Stromboli heute

Seit Jahren wandern Edel-Aussteiger auf die Insel. Stromboli ist "in". Viele Häuser wurden prächtig renoviert, der Verfall ist für's erste gestoppt. Dafür zerbröseln jetzt die traditionellen Lebenszusammenhänge der Insel: Handwerker fordern Phantasiepreise - und bekommen sie. Wer auf die Idee kommt, seine "casa" selbst zu renovieren, der erfährt in der Bar, lächelnd zwischen zwei Campari, daß Häuser auch brennen können, gerade neue, oder er bekommt einen langen Sommer keinen Zement. (So geschehen ein paar rührigen Schweizern, - es gibt auf der Insel eine regelrechte schweizer und deutsche Gemeinde)

Der heftige Sommertourismus führt natürlich auch zu Versorgungs- und Entsorgungsproblemen. Wohin mit dem ganzen Müll, wohin mit den neuen Lebensformen, die mit jeder Fähre auf die Insel kommen? Noch bringt der "Tanz auf dem Vulkan" Geld, und nach zwei Monaten haben die Einheimischen und ein paar Genießer die Insel wieder für sich...

Was bleibt: Stromboli ist eine der reizvollsten Inseln, die ich kenne, und wer zur rechten Zeit kommt, also nicht zwischen Mitte Juni und Ende August, der schwört, wiederzukommen.

Ginostra

liegt an der terrassierten Südküste zwischen Olivenhainen, Feigenkakteen und Agaven. Der ruhige, entlegene Ort ist durch den Vulkan vom lebhafteren Stromboli getrennt. Mühelos ist Ginostra nur per Boot zu erreichen. Der Ort wurde in den letzten Jahren von Aussteigern besetzt, die "gay"-orientierten unter ihnen finden dort ihre Ruhe und die Prise Neugier von ein paar Touristen, die sich dorthin verirren, die man eben braucht, um sich anders zu fühlen. Natürlich werden die normalen Turis nur finster, verächtlich angeblinzelt.

Der Fußweg nach Ginostra ist extrem beschwerlich, führt er doch über den Stromboli-Gipfel (!), sodann auf schlechtestem Unweg über Geröll hinab zur Südküste. Die Tour bietet allenfalls den Vorteil, daß man nach einer Stromboli-Besteigung nicht den gleichen Rückweg wählen muß. Nachteil: Nach beschwerlichster Wanderung bietet Ginostra kaum Einrichtungen zum Relaxen. Ginostra wird von der Fähre angelaufen.

Baden

Ficogrande hat einen wunderschönen langen schwarzen Lavastrand, der zum Teil aus Kieselsteinen, zum Teil aus Sand besteht.
Östlich von Ficogrande liegt beim Ort **Scari** ein weiterer schwarzer Lavasandstrand, der gute Badegelegenheit bietet, ansonsten findet man bei einer Inselrundfahrt mit dem Boot viele kleinere Strände.
Westlich von Ficogrande, auf dem Weg nach Piscita, kommt man zu mehreren Badebuchten zwischen Felsen.

***

Unbedingt einen Bootstrip zur Felsenklippe **Strombolicchio** unternehmen. Dies ist ein interessanter schwarzer Felsbrocken mit überhängenden Felswänden und spitzigen Zinnen, der ca. 2 km nordöstlich von Ficogrande aus dem Meer ragt. Von weitem sieht diese Basaltklippe total unwirtlich aus, es scheint unmöglich, sie zu besteigen.
Bei näherem Hinsehen stellt man jedoch verblüfft fest, daß Stufen in den Felsen gehauen sind (200 Stufen, die in 7-jähriger Bauzeit mühevoll in den Felsen gehämmert wurden!) Man kann nach oben steigen und landet auf einer Plattform, auf der ein Leuchtfeuer steht. Von oben hat man einen guten Rundblick.

Wer auf Urgewalten und starke Schauspiele abfährt, sollte eine Bootstour zur **Sciara del Fuoco** machen. Dies ist ein breiter, supersteiler und total zerfurchter Abhang, über welchen das Material, das der Krater ausspuckt, direkt ins Meer rollt. Bei Nacht ist die ganze Angelegenheit so richtig schön dramatisch anzusehen, wenn glühendes Gestein ins aufdampfende, schäumende Meer saust - ein dramatisches Schauspiel!

Stromboli-Besteigung

 Ganz sicher eines der Aeolen-Erlebnisse, auch für ausgesprochene Bergmuffel interessant. Unerläßlich: Etwas Kondition, festes Schuhwerk, Taschenlampe, warme Kleidung.

In einigen Reiseführern steht zwar zu lesen, daß die Besteigung des Stromboli völlig ungefährlich sei, und der Aufenthalt am Krater wird fast ein wenig verniedlicht. Wer wirklich aufsteigen und sich mit dem nötigen Ernst dem Schauspiel widmen will, sollte sich vorher das Buch 'Sizilien - Liparische Inseln' (siehe 'Literatur') zu Gemüte führen.
Besonders eingehend beschäftigt sich das Kapitel 'Ein Tag am Krater des Stromboli' von Thomás Micek mit dem Vulkan. Hier werden deutlich die Gefahren genannt, die einem Laien (selbst wenn er über gute Bergerfahrung verfügt) oft gar nicht so richtig zu Bewußtsein gelangen, und es wird davor gewarnt, allzu nahe an den Krater heranzugehen. Der Autor weist hier deutlich auf die Unberechenbarkeit des Stromboli hin.
Wer ganz auf Nummer Sicher gehen will, nimmt sich einen einheimischen Führer (zu erfragen über das Touristenbüro). Zwar sind Auf- und Abstieg auch ohne Führer zu packen, doch nachdem sich die Unfälle in Kraternähe jährlich mehrten, ist es besser, einen erfahrenen Bergführer bei sich zu haben, der die Gefahren des Vulkans kennt. Häufig tritt auch völlig unerwartet Nebel auf, Abrutschgefahr!
Die Besteigung sollte am besten spätnachmittags in Angriff genommen werden, dann oben übernachten und nach Sonnenaufgang wieder absteigen. So hat man den Genuß eines zweifachen Schauspiels. Da die Vulkantätigkeit natürlich bei Nacht wesentlich dramatischer wirkt, spricht schon dies für einen nächtlichen Aufenthalt auf dem Berg, außerdem ist die aufgehende Sonne von dort oben ein besonders lohnendes Erlebnis.
Häufigste Unfallursache ist das Abweichen von der markierten Aufstiegsroute (rot-weiße Zeichen). Das nahe Herangehen an den Krater, meist einer vermeintlich günstigen Kameraperspektive wegen, ist lebensgefährlich und völlig überflüssig, denn vom Gipfel schaut man von oben in die Krater hinein und hat so die beste Perspektive.

Aufstieg auf eigene Faust

Nochmals: <u>Die Tour ist kein Abendspaziergang!</u> Nur am Anfang ist befestigter Weg, dann kommen teilweise sehr steile Lavageröllfelder, die die Tageshitze abstrahlen.

Tips: Aufstieg ca. 4 Stunden vor Sonnenuntergang beginnen. Reichlich Flüssigkeit mitnehmen, wenig Alkohol! Salzverlust bedenken, angenehm und nützlich deshalb: Oliven, Pistazien, etc.. Nichts in der Hand tragen, man benötigt streckenweise beide Hände zur Balance oder zum Festhalten. Unbedingt warme Kleidung mitnehmen: Unten Affenhitze, oben bei Wind Saukälte. Wer oben übernachten will (lohnend, wegen Sonnenaufgang) braucht Schlafsack und Isomatte. Wer in der gleichen Nacht runter will braucht gute Kondition, Nerven und eine Taschenlampe mit guter Batterie. Ohne Lampe ist der Abstieg unmöglich. Da Wetter den Abstieg immer erzwingen können, ist eine Taschenlampe unerläßlich.

Der Weg: Zunächst über die Ortsteile Ficogrande und San Bartolo durch den langgezogenen Ort. Dann geht's auf einem gepflasterten Eselweg leicht und dauernd ansteigend bis ca. 250 Höhenmeter - schöne Sicht auf die Küste und das Dorf. Jetzt in endlosen Serpentinen auf schlechter werdendem Weg steil bergan bis zum Rand der Lavaabflußrinne **Sciara del Fuoco**, die bei ca. Höhenmeter 600 erreicht wird. Abkürzungen zu nehmen lohnt nicht, man ermüdet nur schneller, manche führen zudem ins Nichts. Der 'Hauptweg' ist mit weiß-roten Farbtupfern markiert. Im oberen Teil der Strecke hört und sieht man schon die Eruptionen.

So zwischen Höhenmeter 600 und 700 dann wahrscheinlich die erste Krise mit schweißnassem Hemd und kurzem Atem, während sehnige Bergziegen im unvermeidlich rotweiß karierten Hemd mit großem Rucksack vorbeiziehen. Nicht entmutigen lassen, das letzte Drittel wird wieder angenehmer und oben bläst frischer Wind!

Nach zähem, strengem Aufstieg erreicht man einen schmalen Grat. Weniger steil führt er durch völlig vegetationslose Mondlandschaft, tiefer, sandiger Lavauntergrund, herrliche Sicht.

Endlich oben ist alles vergessen: Jede 15 bis 30 min. beginnt das Schauspiel. Eruptionen verschiedenster Stärke, rotglühende Lavafontänen, sicher bis zu 100 m hoch gegen den pechschwarzen Nachthimmel, Grollen, Gasaustritte wie bei einer Flugzeugturbine. Urknallatmosphäre - und das alles zu beobachten wie von einer Pressetribüne. Ich wünsche Ihnen einen milden Abend ohne Sturm, nicht allzuviel lärmende Bergkameraden - Sie werden die Stunden dort oben nie vergessen!

Hotels

Von Juli - August sind Zimmer Mangelware, es sind dann einfach zuviele Leute auf der kleinen Insel: Kasse statt Klasse, dies schmälert den Genuß nicht nur beim Wohnen. Unterkunft in der Hochsaison gibt's oft nur noch in (teuren) Privatzimmern.

Die meisten der teilweise sehr komfortablen Hotelanlagen liegen im mittleren Ortsteil Ficogrande (ca. 10 Fußminunten vom Fähranleger), einzelne Hotels direkt am Strand. Am Hafen werden Privatzimmer angeboten.

Hotels der II. Kategorie:

- La Sciara Residence, Tel. 98605
Eine Ferienanlage mit einem Hotel und mehreren Bungalows drumherum - in einer gepflegten Gartenanlage. Sehr gut eingerichtete Zimmer, ruhig gelegen. Swimmingpool. DZ DM 88.-.

Hotels der III. Kategorie:

- La Sirenetta, Tel. 98625
DZ DM 40.- bis DM 50.-

Hotels der IV. Kategorie:

- Miramare, Tel. 98647
DZ DM 40.-
- Villaggio Stromboli, Tel. 98618
DZ DM 40.-

*Von allen Hotels auf Stromboli gefällt mir
das "Miramare" am besten. Man fühlt sich in
dem umsichtig geführten Familienbetrieb auf
Anhieb wohl. Das Hauptgebäude - schon etwas
in die Jahre gekommen - liegt nur einen Stein-
wurf über dem Strand von Ficogrande, von den
sonnigen Zimmern Traumblick. Zum Hotel gehören ein paar kleine Bungalows. Wer gegen
Abend auf der berankten Terasse sitzt und mit
einem Glas rosso auf das immer gute Essen
wartet, ahnt, daß er wiederkommen wird.*

Pension II. Kategorie:

*- Scari, Tel. 98606
  DZ DM 59.-*

 *Da Stromboli schon einen nicht unbeträcht-
lichen Anteil an Pauschaltouristen ver-
zeichnet, ist die frühzeitige Buchung eines
Hotelzimmers unbedingt angeraten.*

Restaurants

*Folgende Hotels/Pensionen sind Restaurants ange-
schlossen:*

La Sciara Residence, La Sirenetta, Miramare und Scari.

*Diverse Ristoranti im Ort. 'In', gut und teuer das einsam
gelegene Restaurant, das einige Meter links (westlich)
vom Fähranleger liegt. Schöne Terrasse. Gute, manchmal
sehr gute Speisen.*
Ein anderes gutes Restaurant ist im Hotel Miramare.

Ustica

8,7 km²; 1.100 Einwohner

Ustica liegt ca. 57 km nördlich von Palermo und der sizilianischen Küste und ca. 100 km von den Äolischen Inseln entfernt. (Keine Schiffsverbindungen zwischen Ustica und den Äolen!)

Anreise mit dem Schiff

Die einzeln gelegene Insel Ustica ist, ebenso wie auch die Äolische Inselgruppe, nur mit dem Schiff erreichbar; auch hier gibt es keinen Flughafen. Dafür sind die Schiffsverbindungen sehr gut und zahlreich:

Ab Palermo (Molo Vittorio Veneto) fährt täglich außer sonntags das Motorschiff Aedona (Car-Ferry) der Reederei Siremar ab.

Abfahrtszeit: 9.00 Uhr, Ankunftszeit in Ustica: 11.30 Uhr. Das Ticket pro Person kostet one way DM 8,30. Die Rückfahrt Ustica-Palermo erfolgt täglich außer sonntags um 14.30.

Während der Saison fahren mehrmals täglich Aliscafi ab Palermo. Die Fahrtzeit beträgt etwas mehr als 1 Stunde.

Auskünfte über die Reederei Siremar, Via Francesco Crispi 120, Palermo, Tel. 582403, Telex 910135 - oder Piazza Vito Longo, Ustica, Tel. 841002.

Ustica - die Stadt

Der gleichnamige Hauptort der Insel ist an sich noch ganz malerisch geblieben, hübsche weiße Häuser, blumenumrankte Terrassen, kleine Gässchen. Ganz oben am hangaufwärts verlaufenden Ort liegt die Kirche mit dem Marktplatz, um den sich Cafes, Restaurants, Bars und auch einige Discos scharen.

Ein Besuch im Museum von Ustica ist sehr lohnend. Hier sind archäologische Fundstücke, die durch Taucher an die Oberfläche gebracht wurden, ausgestellt.

Ustica - die Insel

Ustica gehört geologisch zu den Äolischen Inseln, hat also einen ähnlichen Aufbau und ähnliches Aussehen. Auch diese Insel besteht hauptsächlich aus Lavagestein und ist ziemlich kahl. Der nackte Stein wird jedoch an vielen Stellen durch Grünzonen unterbrochen. Es gibt Felder mit Getreide, Wein und Obst. Kakteen und Mandelbäume bilden hie und da einen Hain, den die Einheimischen stolz als "Wald" bezeichnen.

Die Insel ist klein, in runden 5 Stunden hat man sie zu
Fuß umrundet. Ein eigenes Auto braucht man hier nicht;
man kann es zwar mitnehmen, aber die Ausladung ist
reichlich abenteuerlich (kein Roll-on/Roll-off), sodaß
der Besitzer eines teuren Autos bei der Verladung unter
Umständen schwer leiden muß.

Inseltouren

Wer gut zu Fuß ist, findet sehr viele schöne Wanderwege.
Fußkranke können auch auf Esels Rücken, per Fahrrad oder
Vespa auf Inseltour gehen. Wer hier allerdings eine ruhige, ursprüngliche Insel erwartet, liegt leider falsch.
(Zum Vergleich: Es gibt hier ungefähr ebenso viele Tou-
ristenbetten wie auf der weitaus größeren Insel Lipari,
man kann sich also den Saisonrummel bildlich vorstellen).
Nun aber zu den Wanderwegen - zuerst zur Übersicht auf
den Gipfel des Inselhügels, zur Guardia di Mezzo, dort
gibt es auch eine meteorologische Station. Von oben
bietet sich ein guter Blick über die gesamte Insel und
bei klarer Sicht sieht man die Küste von Sizilien. Gut
zu sehen ist auch der weitere Weg zum Kap Falconiere,
wo ein Leuchtturm und eine Festung stehen. Man kann um
die gesamte Insel wandern oder radeln mit Abstechern zur
Küste, dabei sind keine größeren Steigungen zu überwin-
den.

Bootsausflüge

Auch eine Bootsfahrt rund um die Insel ist interessant,
allerdings ist dieser Spaß auf Ustica nicht ganz billig.
Es hängt zwar davon ab, wieviele Personen sich an dieser
Fahrt beteiligen und wie weit man fährt, aber zwischen
DM 30.- und DM 60.- sollte man für eine solche Tour
schon einplanen.
Wenn man sämtliche Grotten der Insel sehen möchte, dau-
ert die Fahrt rund einen halben Tag. Diese Grottenfahr-
ten sind wirklich lohnend, am schönsten sind die Grotten
Azurra, dell'Acqua und Pastizza.

Auskunftsstellen für Touristen

Ustica gehört verwaltungsmäßig zur Provinz Palermo.
Auskünfte über:
Ente Provinciale per il Turismo, EPT, Piazza Castelnuovo 34, Palermo, Tel. 216847.
Oder direkt im Flughafen Punta Raisi, Tel. 281986.

In Ustica über:
Associazione Turistica 'Pro Ustica', c/o Municipio, Tel. 841045/841083.

Campingplätze

sind auf Ustica nicht eingerichtet, wildes Campen ist erlaubt.

Hotels

II. Kategorie:

- Diana, Tel. 941109
  Außerhalb des Ortes Ustica an der Küste gelegen. Swimmingpool. DZ DM 47.- bis 54.-.
- Grotta Azurra, Tel. 841048
  In schöner, ruhiger Hanglage außerhalb des Ortes Ustica. Swimmingpool. DZ DM 68.-.
- Punta Spalmatore, Tel. 941122
  Ein 200-Betten-Feriendorf auf einer Landzunge an der Westseite der Insel (westlichster Zipfel Usticas). DZ DM 70.- bis DM 90.-.

Hotels der III. Kategorie:

- Ariston, Tel. 841042
  DZ DM 36.- bis DM 50.-.
- Cottage Hotel, Tel. 841053
  Im Ort Ustica, Via Mezzalunga, DZ DM 47.- (ohne Dusche/WC).
- Patrice, Tel. 841053
  Im Ort Ustica, Via Rifugio 10, DZ DM 47.-.

- Stella Marina, Tel. 841014
  Im Ort Ustica, Via Cristoforo Colombo, direkt im Ortszentrum gelegen. DZ DM 50.-.

Pension III. Kategorie:

- Clelia, Tel. 841039
  Im Ort Ustica, Via Magazzino 7, DZ DM 36.-.

 In einigen Hotels kann man Unterwasserzubehör ausleihen und Tauchkurse machen, so z.B. im Grotta Azurra oder im Feriendorf Punta Spalmatore.

Leitungswasser

Es gibt keine eigenen Trinkwasserquellen auf der Insel. Die Versorgung wird mit Zisternenschiffen von Sizilien gewährleistet, das Wasser in einem künstlichen Becken zwischengelagert. Da nicht mit Salzwasser gemischt wird, ist das Wasser auch als Trinkwasser uneingeschränkt genießbar.

Restaurants, Trattorien

Den Hotels Ariston, Clelia, Diana, Grotta Azurra, Patrice und Stella Marina sind Restaurants angeschlossen.

Sonstige Lokale:
Il Faraglione und Le Terrazze - beide in der Via Cristoforo Colombo, Ort Ustica.
Trattoria Da Giannuzzu, ebenfalls in der Via Cristoforo Colombo.
Pizzerien Il Timone und Da Marinolo, beide auf der Piazza Umberto.

Saison, Tourismus

Wie auch auf den benachbarten Äolen, gilt hier:
<u>Unbedingt den Hochsommer meiden!</u> (Es sei denn, man ist passionierter Unterwasserjäger und kommt dann im Juli

zur Internationalen Schau des Unterwassersports). Die
Saison beginnt auf Ustica allerdings schon früher, hier
gibt es schon ab Mai/Juni einigen Rummel und auch September und Oktober sind hier keineswegs unbedingt Nachsaisonmonate. Das Gros der Ustica-Touristen besteht aus
Unterwassersportlern aller Nationen - die Insel ist in
Taucherkreisen recht gefragt. Wer Nachtleben und Rummel
liebt, findet hier auch einige Abwechslungen in Form von
Discos und Night-Clubs.

Tauchen, Schnorcheln

Unterwassersport ist d e r Grund, weshalb die Mehrheit der
Besucher hierher kommt. Auf Ustica dreht sich alles rund
um's Tauchen, und die Insel ist hervorragend auf
Tauchsportler eingestellt. Es gibt neben zwei Ladestationen für Druckluftflaschen auch eine Dekompressionskammer.
Die vielen Grotten und felsigen Küstenstriche der Insel
bieten eine sagenhafte Unterwasserlandschaft. Das Meer
ist ausgesprochen fischreich und klar. Damit dies alles
so bleibt, hat die sizilianische Regierung diese Küsten
unter Schutz gestellt; der wahllosen Harpuniererei wurde
hier ein Riegel vorgeschoben.
Weshalb sich ausgerechnet auf Ustica ein solcher Unterwasserrummel entwickelt hat, ist schwer zu sagen. Möglicherweise liegt es daran, daß die Insel so gut dafür
ausgerüstet ist. (Lampedusa z.B. bietet genauso schöne
Reviere, ist aber bei Tauchern noch lange nicht so 'in'.)
Ende Juli findet, wie schon erwähnt, die internationale
Zusammenkunft 'Rassegna Internazionale delle Attivita
Subaquee' statt, eine lose Zusammenkunft, ein Diskussionsforum für Tauchsportler, Wissenschaftler und
Techniker.
Genaue Auskunft hierüber über das 'Pro Ustica'.

Literatur

Sizilien Reise- und Kunstführer hat fast jeder größere Verlag in seinem Programm. Es gibt einige ganz hervorragende Kunstführer über Sizilien und allerlei schöngeistige Literatur zu diesem Thema (angefangen von Goethes 'Italienischer Reise' ...), aber etwas Brauchbares über die kleineren Inseln zu finden, ist nicht ganz einfach.

Touropa-Urlaubsberater Nr. 420, Sizilien
Wenig informativ, die Aeolen sind nur am Rand erwähnt.

Merian-Heft Sizilien
Sehr viel über Sizilien, gute Literaturangaben, aber leider recht wenig Text zu den Inseln.

ADAC-Reiseführer: Badeplätze in Italien
Etwas mehr Text, vor allem zu den Aeolischen Inseln. Ganz informativ.

Goldstadt Reiseführer Sizilien
Nicht allzuviel Text zu den Inseln, wenig informativ.

Jean Hureau, Sizilien in Farbe
Sehr gute Bilder, guter Reise- und Kunstführer für Sizilien. Spricht auch die Inseln kurz an, reicht aber nur zur groben Orientierung.

DuMont Kunst-Reiseführer: Sizilien von Klaus Gallas
Die Inseln werden nur unter ferner liefen behandelt.

Hans Bausenhardt, Süditalien/Sizilien im Verlag
Martin Velbinger
Ausführliche Informationen über Süditalien und Sizilien
für Individualreisende. Die Inseln um Sizilien werden nur
knapp gestreift. Dem Autor waren leider nur die Aeolen
ausführliche Hinweise wert.

Weitere Reiseführer Sizilien:
Grieben, Schröder (alle Inseln werden angesprochen, ganz
informativ), Baedeker's LN Touristikführer, Polyglott,
ADAC-Reiseführer Mittelmeer I.

Ein schöner Bildband mit äußerst sensiblen Aufnahmen
und wissenschaftlichen Texten, die verschiedene Bereiche
behandeln - sehr zu empfehlen:
Micek, Tomás, Sizilien - Liparische Inseln
(Verlag Kümmerly & Frey)

Unsere **Ideenbücher** informieren über umweltfreundliche Produkte und Techniken. Sie regen an zum sinnvollen Selbermachen:

108 S., viele Zeichnungen, 1. Aufl. 1983. DM 20,–
ISBN 3-88922-103-3

132 S., viele Zeichnungen, 1. Aufl. 1983. DM 22,–
ISBN 3-88922-101-7

120 S., zahlreiche Illustrationen. 1. Aufl. 1983. DM 20,–
ISBN 3-88922-100-9

132 S., zahlreiche Illustrationen. 3. Aufl. 1983. DM 17,–
ISBN 3-88922-102-5

Oase Reiseführer

sind für Individualisten geschrieben!
Für Leute, die ein Land mit allen Sinnen, aber auch mit dem Herzen erleben wollen.

Auf was es bei unseren Reiseführern ankommt:

— auf praktische, selbsterprobte Tips zum Hin-, Unter- und Weiterkommen. Unsere Autoren schreiben über ihre Lieblingsplätze und Stammkneipen, über Reiseträume und -alpträume.

— auf Aspekte, die in offiziellen Broschüren und »objektiven« Reiseführern fehlen.
Unsere Reiseführer räumen mit zählebigen Klischees auf – Ausgewogenheit überlassen wir gern den öffentlich-rechtlichen Langweilern.

— Oase-Reiseführer machen Appetit auf eigene Entdeckungen, sie führen – ohne an der Hand zu nehmen – zu Oasen der Ruhe und zu Treffpunkten zum sich Wohlfühlen.

— Oase-Reiseführer sind keine Alternativführer im Sinne so manch anderer. Wir geben keine Tips für's billige Rumhängen, denn: zur Gastfreundschaft gehört auch der angemessene Dank.

— Oase-Reiseführer bringen Lust und Laune – unsere Leser denken und arbeiten mit – deshalb sind unsere Reiseführer auch so aktuell:
Nicht allein weil unsere Autoren jedes Jahr einige Zeit auf Recherche sind, sondern auch weil unsere Leser immer unterwegs sind und uns mit neuen Tips und Ideen auf dem Laufenden halten.
Zum Dank beantworten wir jedem Oase-Leser (natürlich auch künftigen) individuelle Reisefragen: Telefon: 07632–7460, oder schriftlich – bitte Rückporto.

Unser Programm:

Gegen Verrechnungsscheck portofreie Zusendung umgehend!

	Preis DM
Abel: Spanien	24,--
Abel: Portugal Azoren	27,--
Gebauer: Siziliens Inselwelt	26,--
Bötig: Kreta	28,--
Bötig: Kykladen · Samos · Chios · Lesbos	28,--
Hanneck-Kloes: Island	24,--
Merten: Irland	26,--
Gebauer: Schottland & Hebriden	26,--
Schmid: UdSSR	26,--
Abel: Mexiko, Belice, Guatemala	24,--
Letsch: Neuseeland	24,--
Hunter: Baja California	22,--
Müller & Stauch: Nordamerika	19,80
Müller & Stauch: Alaska & Yukon	19,80
Müller & Stauch: Das Trockenbuch	17,--
Gaymann & Stauch: Das Kinderkochbuch	20,--
Waschkollektiv: Das Seifenbuch	22,--
Cook, Braun: HAARE	20,--

Oase

Oase Verlag Wolfgang Abel, Michael Müller, Cornelia Stauch OHG.
Ernst-Scheffelt-Straße 22   D-7847 Badenweiler 3 · Tel. 0 76 32 – 7460